Dolores;

DOLORES.

DOLORES.

NOVELA HISTORICA

ESCRITA POR LA SEÑORITA

DOÑA

Gertrudis Gomez de Avellaneda. y Arteaga

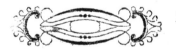

MEXICO.

TIPOGRAFIA DE VICENTE G. TORRES.

1851.

4122 F
18 Nov 47

Josefina Velarde

El dia 6 de Enero

CARTA PROLOGO.

SEÑOR DIRECTOR DEL SEMANARIO PINTORESCO.

MADRID, ENERO 5 DE 1851.

*Dos noches de desvelo me ha ocasionado vd.,
señor director del* SEMANARIO, *con su peticion
de una novela para aquel lindo periódico. Deseaba yo complacerle, y me devanaba los sesos,
como suele decirse, por encontrar en los escon-
drijos de mi imaginacion algo que me satisfa-
ciese: pero todo era en balde, pues no parecia
sino que aquella rica abastecedora de hala-
güeñas mentiras se declaraba en quiebra, en
quiebra que segun las apariencias nada tenia
de fraudulenta. En medio del vivísimo dolor
que produjo en mí aquel descubrimiento impre-*

visto, *recordé que mi primera tragedia*, Alfon-
so Munio, *tan feliz para con el público, habia
debido su ecsistencia á otro momento de inercia de la facultad creadora; á un momento de
cansancio y. de aburrimiento, en el que no ha-
llando cosa mejor me habia entretenido revolviendo viejos documentos suministrados por el
archivo de mi familia. De ellos habia sacado
la noble y caballeresca figura del alcaide de
Toledo, y en ellos esperaba encontrar algun
otro tipo de los pasados tiempos, que por el
contraste que ofreciese con los de nuestro siglo,
alcanzase la dicha de interesar algunos momentos á los benévolos lectores del ameno periódico cuya prosperidad deseo. Mi esperanza
no quedó frustrada del todo, ni del todo satisfecha: los personages que he escogido para
componer este pequeño cuadro que hoy va á
juzgar vd., no son acaso los mas interesantes
que hubiera podido proporcionarme en aquel
vasto museo de figuras colosales, si se compa-
ran con las de nuestra época; pero confesaré
una flaqueza: la circunstancia de llevar mi apellido los principales actores del drama sencillísimo que copio á continuacion de estas líneas, pudo tanto en mí, que les concedí desde
luego la preferencia, no obstante el justo rece-*

lo que instantáneamente concebia de que el interes que me inspiraban mis héroes, nacido en gran parte por las simpatías de la sangre, no fuese comunicable á los indiferentes, que solo buscasen en esta historia el interes de los sucesos.

Combatida de dicho temor, pero arrastrada por el afecto del corazon que se recreaba en bosquejar rasgos que se le hacian queridos, escribí los adjuntos capítulos, y aunque cada uno de ellos lleva mi nombre al pié, he creido conveniente encabezar su conjunto con esta carta prólogo en que declaro que ninguna pretension, segun se dice ahora, me anima á dar publicidad á Dolores; que nada he inventado, que ningun esfuerzo de ingenio ha sido menester para presentar bajo las formas de una novela la estraña y dolorosa historia de aquella pobre criatura que ecsistió realmente, como todos los personages que en torno de ella se agrupan en este breve cuadro, y que el lector encontrará tambien si le place buscarlos, en las crónicas mas conocidas del reinado de D. Juan II de Castilla. Mi trabajo, pues, se ha reducido á copiar con fidelidad, y de vez en cuando á llenar algun pequeño vacío que solia advertir en el original, escrito con bastante descuido y con menos pormenores de los que se me hacian necesarios para llenar mi objeto. Por lo demas, ninguna gloria puede resultarme del mérito que haya en la presente historia, y al confesarlo humildemente, ruego á los suscritores del SEMANARIO, á quienes la dedico en muestra de mi aprecio y buena voluntad, que tampoco se quejen de mí si no alcanza Dolores la fortuna de agradarles, toda vez que he comenzado por ecsimirme de los honores, y por consiguiente de la responsabilidad de inventora.

Dicho esto, nada tengo que añadir, sino que formo sincerísimos votos por la dilatada vida del SEMANARIO, y por las ventajas de todo género que merece su ilustrado director, y porque proporcione su lectura completo solaz y entretenimiento á sus constantes suscritores, y principalmente á sus bellas suscritoras.

G. G. DE AVELLANEDA.

CAPITULO I.

EL BAUTIZO DE UN PRÍNCIPE HEREDERO.

Apenas serian las nueve de la mañana del
dia 12 de Enero de 1425, y por cierto no
habia salido el sol á regocijar la tierra con
todo el esplendor y la pompa que requeria
la gran solemnidad que iba á verificarse en
aquel dia. Nebuloso se mostraba el cielo,
y fria y punzante la atmósfera, cosas no estraordinarias en aquella estacion; pero asaz
desagradables y hasta inoportunas cuando
toda la ciudad de Valladolid se aprestaba

llena de júbilo á festejar grandemente al
sagrado bautismo del primer fruto mascu-
lino que se dignaba conceder la Providencia al feliz himeneo de D. Juan II de Castilla y de doña María de Aragon, su esposa
prima.

Desde los primeros albores del alba habia
comenzado en los barrios mas tranquilos
por lo comun en aquella hora, desusado movimiento, que iba aumentándose considera-
blemente á medida que se veia mas prócsi-
mo el instante solemne de la augusta ceremonia: mas donde se hacia mas notable la
afluencia de gente y el tumulto consiguiente á ella, era en la calle conocida con el
nombre de *Teresa Gil*, honrada entonces por
habitar en ella los reyes, y en la plaza mayor, donde casualmente tenian vecinas sus
respectivas moradas los tres poderosos magnates á quienes cabia la alta honra de sacar de pila al heredero del trono. Eran
estos el condestable D. Alvaro de Luna,
conde de Santisteban; el almirante D. Alonso Enriquez, y el adelantado de Castilla,
D. Diego Gomez de Sandoval, conde de
Castro—Xeriz, acompañándoles, como madrinas del escelso recien-nacido, sus espo-

sas doña Elvira de Portocarrero, doña Juana de Mendoza y doña Beatriz de Avellaneda.

Cada uno de aquellos felices personajes
tenia, como era consiguiente, numerosos
adictos y enemigos (que nunca faltan ni
unos ni otros á los que ejercen autoridad y
se encumbran por cualquier mérito real ó
caprichosa fortuna), y según sus sentimientos particulares cada uno de sus apasiona-
dos ensalzaba ó censuraba la nueva distincion regia que colmaba de gloria á los que
eran objeto de sus esperanzas ó envidias.
Aquí se oian lamentaciones, allá aplausos:
unos se escandalizaban de que se llevase á
su complemento el orgullo de D. Alvaro de
Luna, con honras de que le declaraban indigno, y complaciéndose en recordar la os-
curidad de su orígen, pronosticaban desastres increibles en el reino, á causa del favor en que parecia establecido aquel dicho-
so advenedizo. Otros, por el contrario, po-
nian en las nubes las cualidades del valido, y aseguraban la creciente prosperidad
de Castilla, si continuaba dirigiendo con
su prudencia y talento el ánimo del monarca. Algunos se admiraban de que no fue-

se solo D. Alvaro el honrado con el padri·
nazgo; muchos llevaban á mal que acepta·
sen la asociacion de aquel favorito, persona·
ges tales como D. Alonso Enriquez y D.
Diego Gomez de Sandoval.—El viejo almirante, decian los primeros, solo debia
ocuparse de preparar su viaje á la otra vida; y el bueno del conde de Castro, que
siempre se ha mostrado mas celoso por el
servicio del rey de Aragon que por el bien
de Castilla, no merece en verdad que se le
conceda hoy la mas señalada muestra de
estimacion que puede ambicionar el súbdito mas leal por premio de sus sacrificios.

Un nieto de reyes, esclamaban al mismo
tiempo los de otro bando, un varon tan ilustre en todos conceptos como lo es D. Alonso Henriquez, no debia tener por compañe-
ro en esta merced á un D. Alvaro de Luna. ¿Y el Adelantado? prorrumpian otros:
¿es justo que el rey iguale á este digno caballero con el aventurero afortunado que no
alcanza otra gloria que la de haber seduci-
do el corazon de S. A.? Nadie mas que D.
Diego Gomez de Sandoval merecia sòste-
ner en la pila bautismal al infante que debe gobernarnos algun dia. El mismo al-

mirante, magüer en sangre real no deja de ser un bastardo, que no puede adornarse con blasones tan legítimos y tan puros como los que honran la casa del conde de Castro—Xériz.

Tales eran las pláticas que por dó quier se escuchaban, y hasta las damas, que iban apareciendo en los balcones entre cortinajes de seda, discutian—acaloradamente en pro y en contra de la eleccion real.

Las otras madrinas, decian unas, van á quedar deslucidas por la muger del condestable. Nadie sabe como él ser espléndido cuando quiere: ni dama brilla en la corte que pueda competir en gracia y en bizarría con su jóven esposa doña Elvira.

Doña Beatriz de Avellaneda vale cien veces mas, replicaban otras: aunque menos jóven es mucho mas hermosa, y nunca podrá aquirir D. Alvaro el buen gusto y la natural magnificencia del conde de Castro-Xeriz, que al fin nació siendo lo que es, y no ha menester aprender los aires de personage.

¡Callad! esclamaba otra: ni la condesa de Castro, ni la de Santisteban, por bellas que las pinteis y por riquezas que ostenten, se harán notar tanto como doña Juana de Mendoza, la esposa del almirante. Porque tiene 60 años, la juzgais fuera de tóda competencia: pues sabed que ni Elvira de Portacarrero, con su rostro afiligranado y su juventud florida, ni Beatriz de Avellaneda, con su aspecto arrogante y su orgullosa hermosura, alcanzarán la dignidad natural de la ilustre matrona, que perdiendo con la edad las gracias de la figura, parece haber acrecentado dotes preciosísimas del alma, que se reflejan en aquella, y que la hacen todavía la muger mas amable de Castilla.

En tanto que estas conversaciones se tenian, la calle de Teresa Gil y la Plaza Mayor iban llenándose mas y mas de curioso gentío, y volando rápidamente los instantes, se acercaba á mas andar la hora señalada para trasladarse los padrinos al palacio de los reyes. Verlos salir y ecsaminarlos de cerca, era el impaciente anhelo de aquella multitud que se agitaba en los pórticos, que comenzaba ya á posesionarse de todo el ámbito de la plaza, y que bien pronto debia refluir y dilatarse por las calles del tránsito, hasta las puertas de la real morada, delante de las cuales eran ya nu-

merosos los grupos de cortesanos. Pero ni
en el mismo palacio habia tanta agitacion
como en las casas de los padrinos. Todo
era en ellas movimiento y alegría, todo entrar y salir escuderos y pajes, que en aquel
gran dia ostentaban la opulencia de sus señores con el lujo inusitado de sus costosos
trages. Adornábanse los primeros con ter-
ciopelos y damascos; y hasta los criados de
inferior categoría se pavoneaban ufanos con
sus vestidos de finísima grana, mientras
que los principales actores de aquella fies
ta solemne se disponian á aparecer en público deslumbrantes con la profusa copia de
brocados y pedrerías que á competencia
cargaban en aquellos momentos sobre sus
personas, mas ó menos adornadas de ante-
mano por la pródiga naturaleza.

Eran las diez y media: treinta minutos
solo faltahan para el instante señalado por
los reyes para la ceremonia, cuando, comenzando á satisfacer la inquieta curiosidad del gentio, se presentaron antes que
los otros, el almirante y su esposa, salien-
do á pié de su morada en medio de una brillante comitiva. Magníficas eran las galas
de doña Juana de Mendoza, aunque apro-

piadas á sus muchos años, y con mages-
tuoso continente llevaba todavía el buen D.
Alonso Henriquez su rico manto recamado
de oro, y forrado de riquísimas pieles; pero
todo su lujo y la verdadera dignidad que
podia notarse en aquella venerable pareja,
no pudo fijar sino un momento de atencion
general, llamada poderosamente hácia la
casa del condestable, cuyas macizas puertas se abrieron con ruido de par en par en
el instante en que D. Alonso y su muger
atravesaban la plaza. Digno de príncipes
era ciertamente el lucido séquito que comenzó á salir precediendo á D. Alvaro, y
el concurso de espectadores tuvo necesidad
de retroceder y oprimirse para dejar campo al tropel de numerosos servidores de
aquel suntuoso valido, que se dejó ver por
fin, dando la mano á su Elvira, resplande-
cientes ambos con el doble brillo de la juventud y de la dicha, que hacian parecer.
inútiles los otros esplendores que les prestaba la opulencia. El condestable pasó con
gracioso desembarazo por entre las oleadas
humanas, sin que un momento se apartase
de sus delgados labios la sonrisa algo des-
deñosa que le era característica, mas lle-

vando en su erguida frente y en sus ojos
,vivaces y penetrantes una espresion de
alegría y benevolencia, que no le era tan
comun como aquella. Su elegante consorte repartia mientras tanto saludos afectuo-
sos por la triple hilera de balcones que co-
ronaba la plaza, y en los cuales innumerables ojos, negros y fulgurantes, se clavaban
en ella ávidamente, para recoger los mas
insignificantes pormenores de su magnífico
tocado. Cuando hubieron pasado aquellos
personajes y sus respectivas comitivas, todas las miradas se dirigieron únicamente
hácia la casa del conde de Castro; pero nada anunciaba en ella la prócsima salida de
sus dueños. Ya pisaban los otros padrinos
los umbrales régios, y todavía no habian
visto aparecer los concurrentes de la plaza
al adelantado de Castilla, cuya inconcebible tardanza comenzaba á dar pábulo á mil
suposiciones mas ó menos verosímiles.

Nosotros, en vez de fatigar al lector con
la noticia de ellas, le haremos salir de duda, introduciéndole sin ceremonia en lo in-
terior de aquel edificio, delante del cual
tanto se afanaba la curiosidad, sin atinar ni
remotamente con la simple y verdadera cau-

sa del retardo que la sorprendia ó impacientaba. En uno de los departamentos de aquella gran casa, mas notable por su capacidad que por su construccion, se nos presenta á la vista, amables lectores mios, una graciosa estancia compuesta de sala de forma oval, gabinetito redondo y espaciosa alcoba casi cuadrada. Los dos primeros están tapizados de damasco azul celeste: á la tercera la reviste coquetamente (pásesenos esta palabra) una seda mas ligera, de color de perla, sembrada de grandes rosas. Todos los muebles de aquel elegante aposento son de un gusto sencillo y esquisito, poco comun en la época: se ven esparcidas por las sillas del gabinete en agradable desórden varias labores femeniles no terminadas aún; sobre la mesa del tocador abundan tambien mil lindas baratijas que anuncian el secso del dueño de aquella estancia, y al fondo de la alcoba se descubre un lecho blanco, delante del cual ha olvidado sin duda la negligente camarera dos zapatillas de terciopelo verde, cuyas breves dimensiones dan testimonio de haber calzado los mas pulidos piés que pueden haber hollado la tiérra de Castilla.

La puerta de cristal de aquella alcoba tiene enfrente otra igual, pero tan cerrada y cubierta por sus cortinillas de tafetan púrpura, que no nos es dado por ahora penetrar mas adentro. Nadie aparece por allí: cuando en toda la casa reina el bullicio mas alegre, aquel aposento yace en calma y en silencio, no interrumpiendo este sino los gorgeos de dos jilguerillos. qué en sus jaulas doradas celebraban la claridad del dia, desde las dos ventanas que dan paso á la luz en la sala y en el gabinete. La de este último, no aclarando la alcoba por su frente, pues está situada á su lado izquierdo dando vistas á un jardin, deja el recinto del lecho en una semi-oscuridad que place á la vista y á la imaginacion, prestándole un no sé qué de vago y misterioso que armoniza con aquel dormitorio virginal en donde el mismo sol parece penetrar respetuoso.

El frio intenso de la estacion no se percibe en aquella estancia: se encuentra uno envuelto en tibia y perfumada atmósfera, en aquella atmósfera especial que distingue en todos los paises del mundo la mansion habitual de una muger hermosa y delicada.

La que ecsaminamos nos parece tan característica, que hasta inferimos de ella la edad, la índole y las inclinaciones de su modesta habitadora; y tanto es así, que cuando vemos entrar de repente á una matrona hermosísima cubierta de espléndidas galas que sabe llevar con desdeñoso desembarazo, nos sentimos dispuestos á esclamar sin vacilacion: ¡no es ella!

Pero al nombre de Dolores, que en alta voz articula al lanzarse al gabinete, se abre de súbito la puertecita de cristal, hasta entonces cerrada, y aparece como encuadrada en su centro la casi ideal figura de una jóven de diez y seis años, blanca, esbelta, con sencillísimo arreo, y con tal espresion de delicadeza, sensibilidad y modestia en la melancólica mirada de sus grandes ojos pardos, que no nos es posible dejar de reconocerla por la apacible deidad de aquel modesto santuario.

—¿Me llamábais, madre mia? dijo al presentarse, dejando oir una voz que tenia algo de musical, tanta era la suavidad de sus modulaciones.

—¡Siempre encerrada en tu oratorio! esclamó la dama con tono de reconvencion.

—¿Has olvidado, Dolores, que estamos á 12 de Enero, dia en que entrará en el santo gremio de la Iglesia el heredero de Castilla? Son mas de las diez, añadió vivamente, y no te encuentro ataviada.

—Creia, repuso la jóven, que mi dueña os habria hecho saber la mala noche que he pasado, y que sintiéndome indispuesta esperaba de vuestra bondad y de la de mi señor padre el permiso de no salir de mi cuarto.

—¡Te sientes indispuesta! dijo con demudado semblante la condesa de Castro, acercándose á su hija con maternal solicitud; pero al notar el nacarado brillo de su hechicero rosto, calmóse indudablemente su zozobra, pues añadió con acento menos afectuoso y casi severo:—No estás mala, no, gracias al cielo: lo que te retrae de las distracciones propias de tu edad; lo que nos priva de la compañía de nuestra hija haciéndola amar el aislamiento en el propio seno de su familia, es esa tristeza con que te empeñas en afligirnos, y cuyo orígen tan cuidadosamente nos recatas.

Dolores se puso pálida y bajó los ojos

con muestras de turbacion. Doña Beatriz
de Avellaneda prosiguió con mas blandu-
ra:—Sí, hija mia, estás triste hace algunos
meses: todo te enfada, hasta la ternura de
tus padres y las caricias de tus hermanos,
en cuyos juegos te recreabas antes. De
cariñosa y jovial que eras, te has converti-
do en displicente y desprendida de los tu-
yos; pero no imagines que á pesar de tu reserva me es desconocida la causa de tan
sensible cambio: comprendo el loco afan
que fatiga tu pecho: conozco la idea que se
ha apoderado de tu mente y que tanto la
domina.

Dolores se puso encendida como la grana y levantó hasta el semblante de la condesa una mirada tímida y medrosa. La
matrona continuó diciendo: Eres muy niña, mi querida hija, para pensar en resoluciones tan graves é irrevocables: hemos hecho mal tu padre y yo en confiar tu educa-
cion á la buena abadesa de santa Clara de
Tordesillas: de los años que has pasado en
aquel convento nace el desagrado que te
inspiran hoy todas las cosas del mundo:
sin reflecsionar que el esceso es malo aun
en lo bueno, que en todos los estados so

puede servir á Dios, y que su Providencia
al hacerte nacer de padres ilustres y opu-
lentos, y al dotarte de mil prendas precio-
sas, ha hecho conocer que no te destinaba
á las oscuras virtudes de la vida monacal.
Pero en la ecsaltacion peligrosa de tu ines-
periencia solo suspiras ahora por volver al
convento, y estoy muy segura de que no
concibes otra felicidad que la de tomar el
velo, abandonando á unos padres que cifran
en ti su gloria.

Dolores respiró con mas libertad al oir
estas palabras, y aunque la emocion con
que pronunció las últimas doña Beatriz, en-
terneció el corazon de la niña, era fácil conocer que se habia disipado de su pecho
alguna inquietud dolorosa.

—No deseo separarme de vos, madre
mia, dijo inclinándose para besar sus manos: Dios me es testigo de que me reconoz-
co muy indigna del santo título de esposa
suya.

—Si así es, repuso la condesa, ¿por qué
causa esta mudanza que tanto llama la atencion de todos los de la casa, y que..... —no
pudo terminar la frase, pues en aquel ins-

tante entró presuroso en el aposento el adelantado de Castilla.

—¿Dónde está mi hija? esclamaba: hanme dicho que se encuentra enferma....

Dolores le salió al encuentro con amable sonrisa, y el conde de Castro la estrechó en sus brazos diciendo entre enfadado y alegre:

—¡Maldita sea esa dueña que me hizo creer que mi ángel padecia!

—No ha sido nada, le aseguró la jóven acariciando sus manos: un poco de dolor de cabeza que ya ha calmado.

—Es que la echamos á perder, D. Diego, con el demasiado mimo, pronunciaba al mismo tiempo la condesa. Ya lo veis, Dolores no quiere participar en éste gran dia del júbilo de sus reyes y de sus padres.

—¿Por qué, pues, vida mia? la preguntó el adelantado con tan afectuoso acento que contrastaba con su figura varonil y vigorosa, y con el gesto marcial que le era característico: El rey *hace sala* * á su corte; se celebrarán justas esta tarde, y por tres

---

* -Llámase *hacer, sala* cuando el rey daba de comer á sus cortesanos, admitiéndolos á la mesa, lo cual no solia hacerse sino en grandes solemnidades.

dias consecutivos tendremos numerosos y brillantes regocijos.

En efecto, hoy es *un gran dia*, respondió Dolores con particular espresion: un dia muy grande para mí.... para todos, añadió turbándose: por eso mismo os pido el permiso de pasarlo en soledad y oracion.

—¡Eso es! ¡en oracion! prorrumpió casi enojada doña Beatriz de Avellaneda: nuestra hija, D. Diego, no piensa mas que en el cielo, y desprecia todas las cosas de la tierra, inclusos nosotros.

—¡Despreciaros! esclamó la jóven. ¡Oh! bien sabeis que os amo y os reverencio, madre mia. Os aseguro nuevamente que no pienso en dejaros; pero necesito orar hoy mas que nunca para que Dios bendiga este gran dia, para que todo lo que acontezca en él sea próspero y favorable.

Rumor de voces y de cercano tumulto hizo que apenas entendiesen los condes las últimas palabras de Dolores: y volviendo los tres sus miradas hácia los corredores de donde venia el ruido, vieron venir presuroso y casi sofocado un caballero de buena presencia y lujosamente vestido, el cual gritaba con estentórea voz á los criados que le seguian:—¡Vive Dios que todos pareceis tontos! ¡Llamad á mi cuñado! ¿Dónde está? ¿dónde diablos se esconde? ¿en qué piensa mi hermana? ¡Los buscaré!.... ¡van á dar las once!

Descubrió entonces á los que buscaba y se lanzó á ellos diciendo con mayor impaciencia todavía que la que antes espresaba.

—Van á dar las once ¡vive Cristo! El condestable y el almirante están ya en palacio: el obispo de Cuenca espera en la capilla al augusto niño que va á cristianar. Solo por vosotros se aguarda: ¿qué es esto? ¿que os detiene?

—¡Cómo! ¿decís que van á dar las once? esclamaron á la vez los dos esposos.

—¿Tan descuidados estais que no lo sabeis? ¡voto á sanes que vuestra calma es admirable! ¡A palacio, señores, á palacio: sus altezas esperan!

—Es que, como ya veis, dijo el conde volviendo los ojos á su hija, esta niña no se ha ataviado; rehusa asistir á los régios festejos, y temiendo por su salud....

—Esa niña, interrumpió bruscamente el

impaciente caballero, hará en buen hora su voluntad, ya que no sabeis imponerla á la vuestra: sois demasiado blandos con ella: pero no es menester por tanto que seais desatentos con vuestros reyes. ¡En marcha todos! ¡en marcha!

El adelantado abrazó tiernísimamente á su hija; doña Beatriz la dirigió todavía una última reconvencion, aunque acompañándola de una mirada benévola. D. Juan de Avellaneda, señor de Izcar y de Montejo, alférez mayor del rey, y hermano de la condesa de Castro, que este era el personaje que entrara á turbar la conversacion de los condes con su hija, se sonrió desdeñosamente al observar tantas muestras de paternal cariño, y aun el leve indicio de la materna ternura. Aquella sonrisa y todo su aspecto y toda su fisonomía, aunque notables por su nobleza, parecian declarar que los sentimientos tiernos no hallarian fácil entrada en el alma de aquel personaje, cuya única pasion debia ser el honor, y su única flaqueza el orgullo. Todos, escepto Dolores, salieron presurosos para dirigirse al palacio, y apenas se vió sola nuestra heroina volvió á encerrarse en su oratorio, donde puesta de rodillas ante una imágen de la Santa Vírgen, repetia con indecible angustia:

—"¡Este es un gran dia! ¡Todo va á decidirse! ¡mi dicha ó mi desgracia! ¡mi vida ó mi muerte! ¡Protejedme, divina María, protejedme!....

CAPITULO II.

DON JUAN II Y SU CORTE.

Terminada que fué la augusta ceremonia, y mientras el tierno príncipe D. Enrique, ya miembro de la Iglesia, dormia apaciblemente en los brazos de su escelsa madre, que aun no dejaba su cámara, la nobleza mas brillante de Castilla llenando los salones de la real morada, se apresuraba á felicitar al venturoso padre, cuya sincera y espansiva alegría no podia dejar de comunicarse á sus ilustres cortesanos.

Veinte años contaba solamente aquel monarca, y su afabilidad y agradable fisonomía le atraian el afecto de aquellos mismos que se hallaban menos dispuestos á sentir por él la consideracion y el respeto que como á soberano le debian. La inercia y debilidad de su carácter, y el desmedido favor que dispensaba á D. Alvaro, escitaban, como era consiguiente, ostensible descontento en sus mas grandes vasallos; pero toda clase de desavenencias y de quejas, parecia olvidada en el fausto dia de que hablamos, siendo el júbilo y la esperanza los únicos sentimientos que animaban á todos.

El rey se gozaba observándolo, y recorria ufano las salas de su palacio por entre la multitud de caballeros y damas, á quienes dirigia de contínuo frases lisongeras y cariñosas.

—Vuestro tocado es admirable, decia alargando su diestra á la bella esposa del condestable. Ese brocado verde con estrellas de plata os sienta á maravilla, y si produjese flores la estacion en que estamos, las mas encendidas rosas y las azucenas mas cándidas se marchitarian avergonzadas al verse vencidas por los colores que ostentais en el rostro.

Impaciente estoy porque llegue el momento de comenzarse las justas: añadia volviendo sus halagüeños ojos al jóven heredero de la ilustre casa de Hurtado de Mendoza: sereis de los mantenedores, segun tengo entendido, mi buen Ruy Diaz, lo cual equivale á decir que veremos tan mal parados á muchos de los contendientes como lo quedó el embajador de Portugal en el último torneo. ¡Valiente bote le dísteis! Yo espero que me concedereis el gusto de preferir el magnífico alazan siciliano, que me ha regalado mi primo el rey de Aragon, á vuestro revoltoso tordillo árabe: aquel no ha sido todavía regido por ninguna mano castellana, y me place que sea la vuestra la primera.

Antes que pudiera tributarle gracias el que tal obsequio recibia, se apartaba el rey para cumplimentar al bizarro caballero D. Rodrigo de Narvaez, que hablaba en aquel nstante con el doctor Diego Rodriguez.

—Mucho me agrada que hayais venido á participar de nuestros regocijos, le decia: pero no puedo menos de decir allá en mis adentros, que pór suntuoso que sea el banquete á que tenemos el gusto de convidaros, ha de pareceros menos satisfactorio y honorífico que el que celebrásteis en honor nuestro y del infante nuestro escelente tio, cuando tomasteis posesion del gobierno de Antequera. La sombra que os prestaban aquel dia las banderas conquistadas, debió seros mucho mas grata que la que gozais ahora bajo nuestro regio techo; y ningun vino os presentaremos que pueda saberos tan bien como aquel que os suministraron para brindar por la gloria de Castillas, las propias viñas de los moros.

Terminando las lisonjeras palabras, saludaba el rey en latin al doctor Diego Rodriguez, y corria á asirse del brazo de su primo el infante D. Juan, no sin echar un piropo de paso á una de las hermosas hijas del señor de los Cameros, recien casada entonces con su alférez mayor Avellaneda.

Hablaba familiarmente con el infante sobre caza y montería, sin dejar por eso de atender á cada uno de los que llegaban á cumplimentarle, teniendo para todos palabras oportunas y corteses, que probaban que si la naturaleza no le habia dispensado altas cualidades de príncipe, no le negara al menos las de discreto y galan caballero.

Entablaba con los prelados graves y eruditas pláticas; se entretenia con los mancebos en conversaciones de amores y de torneos; daba zumbas sobre sus ciencias ocultas á D. Enrique de Villena, encargándole jovialmente sacase el horóscopo del recien nacido príncipe, y se interrumpia de vez en cuando para sermonear severamente al brillante conde de Niebla, por el abandono de que se quejaba su consorte doña Violante, desgraciada beldad que no habia logrado fijar el voluble corazon de su esposo ni con las gracias de su figura, ni con las virtudes de su alma, ni con el brillo de su cuna régia.*

En medio de todo no echaba en olvido á su privado: trataba con él de trovas y de música, pues ambos se preciaban de hábiles en rimar y en tañer la vihuela; y terciaba en aquella conversacion el apuesto Rodrigo de Luna, sobrino del condestable, jóven de 18 años, de mediana estatura, be-

* Doña Violante, condesa de Niebla, era hija de D. Martin, rey de Sicilia, habida fuera de matrimonio.

llas proporciones, ojos negros y rasgados
delicada tez, ensortijados cabellos y muy
graciosos modales. Era tambien alumno
de la *gaya ciencia*, y por esto, como por su
parentesco con D. Alvaro, alcanzaba del
rey particular distincion, que sabia justifi-
car mostrándole tanto afecto como deferencia y respeto.

Nada agradaba tanto á D. Juan II de
Castilla, como hablar de poesía, mayormente si tenia por oyentes á su muy querido
condestable y al amable deudo de aquel valido; pero en el dia que nos ocupa sabia
violentarse abreviando aquellas dulces con-
ferencias para no disgustar á su corte, y
ora se acercaba al conde de Medinaceli, ora
al de Benavente; aquí informándose de la
salud del maestre de Calatrava, que aun se
hallaba convaleciente de unas cuartanas;
allá chanceándose con D. Pedro Hernan-
dez de Velasco, que parecia algun tanto me-
ditabundo y mohino. En efecto, los apres-
tos de guerra que hacia el rey de Aragon
contra Castilla, mientras el monarca castellano solo pensaba en divertirse, traian pensativo al camarero mayor, hombre en quien
el esfuerzo siempre se hermanó con la pru-

dencia. Aunque el infante D. Juan permanecia cerca de su escelso primo, y no aspiraba á mas que á derrocar á D. Alvaro y á alzarse con el poder que éste ejercia casi esclusivamente en aquel reino, su hermano Alonso V, cansado de reclamar en balde la libertad de D. Enrique de Aragon, preso hacia mas de dos años en el castillo de Mora, se prepara á vengar con las armas el rigor usado contra un príncipe á quien le unian tan estrechísimos vínculos, bien porque le lastimase realmente su desgracia, no obstante haberla merecido, bien que ecsacerbado el aragonés por sus recientes desastres en Italia, buscase en quien desfogar los enojos de sus fallidas esperanzas. Como quiera que fuese, poco se curaba el castellano de todo aquello, mayormente cuando se solemnizaba el nacimiento y bautizo de su heredero, y veia lleno de satisfaccion que un gozo sincero y franco unia en torno suyo á tantos magnates turbulentos, cuyas ambiciones y discordias, que iban convirtiendo su corte en un campo de batalla, parecian calmarse en aquel próspero dia, dejándole en libertad de creerse el mas feliz de los hombres y el mas vene

rado de los príncipes.. D. Juan II, que jamas dejaba de bostezar grandemente siempre que se le hablaba de asuntos graves del
estado, se hubiera enojado hasta el punto
de no perdonar nunca, si alguno hubiera
tenido la oportunidad de mencionar aquel
dia la menor cosa que tuviese relacion con
el gobierno y los intereses públicos; y co-
nociéndolo así su camarero D. Pedro Her-
nandez de Velasco, prefirió atribuirse una
terrible jaqueca, á confesar indiscretamen-
te que le asaltaba un pensamiento grave
en presencia de la imprevision y regocijo
de su jóven amo.

Este, por instantes mas complacido y jovial, continuaba entreteniéndose con sus
cortesanos, procurando dejar satisfecha la
vanidad de cada uno, pero particularizán-
dose de notable modo con una persona cuyo aparente favor en aquel dia causaba
placer á unos, recelos á otros, y admiracion
á todos. El conde de Castro era objeto, á
no dudarlo, de preferentes atenciones, y pocos minutos antes de sentarse á la mesa el
rey D. Juan con sus ilustres convidados
se le vió conservar familiarmente con aquel
personaje en el hueco de una ventana don-

de se habian retirado, pudiendo observar
tódos que era su alteza quién más gasto hacia en la plática, tomando en ella vivísimo
interes. Aquella conferencia que nó pudieron oir los cortesanos, vamos nosotros á
referírsela á los lectores, en términos muy
semejantes á los que debieron emplearse
entre nuestro buen adelantado y su augusto interlócutor.

—Muy complacido estóy, dijo el rey, de
habet contraido con vos un parentesco es-
piritual que nos una mas desde este dia.
Dícenme algunos que sois mas adicto á mis
primos de Aragon, que á mí que soy vuestro príncipe; pero no temais, querido Sandoval, que os haga un cargo por ello. Os
criásteis desde niño en la casa de mi buen
tio D. Fernando; nos hicísteis durante mi
minoría y su tutela, señalados servicios que
él os recompensó debidamente; le seguís-
teis á Aragon cuando la Providéncia le de-
paró aquel trono en premio de sus virtudes, y considéro muy justo que muerto el
rey, favorecedor vuestro, conservéis por sus
hijos los sentimientos de adhesion y gratitud propios de un corazon generoso. Pé-
same, sin embargo, que por ser sobrado

adicto al infante D. Juan, participeis de algunas de sus infundadas prevenciones contra personas que me son queridas, y quisiera á fuerza de mercedes identificaros con mi persona y con mis intereses, de tal modo que ningun amigo mio dejara de serlo vuestro.

Señor, le respondió el conde, vuestra alteza me honra en gran manera al espresarse así; mas crea que no necesita, obligarme con nuevos favores para estar seguro de mi profunda lealtad y respetuoso afecto. El infante mi señor, súbdito como yo de vuestra alteza, no tiene tampoco otros deseos que los que convienen á vuestra gloria y prosperidad de vuestros reinos; y siendo esto así, los intereses de vuestra alteza y los de su augusto primo no pueden ser diferentes. Por ellos he trabajado hasta aquí, y lo haré lo mismo en adelante, como buen vasallo y servidor agradecido.

—No me quejo ahora de D. Juan de Aragon, repuso el rey algo desconcertado: tengo bien presente que desaprobó la conducta criminal de su hermano Enrique, cuando por medio de escándalos y violencias pretendió esclavizar mi espíritu á su opresora influencia: no he olvidado, conde de Castro, que el infante vuestro amigo tomó entonces las armas para defender mi persona y hacer respetar mis derechos, pero tambien sé que quisiera imponerme como un yugo eterno el precio de aquellas acciones, y que juzgándose digno únicamente de mi favor real, mira con malos ojos á cuantos me merecen aprecio. Por eso os he dicho que me pesa participeis vos de sus injustas prevenciones, y que deseo dispensaros tales pruebas de mi cariño y de la estima en que os tenga, que no podais en lo sucesivo abrigar ningun sentimiento que no sea conforme con los mios.

El adelantado hizo una rendida reverencia y tartamudeó una frase que no decia nada, pues el gallardo y belicoso señor de Castro-Xériz no se distinguia por lo elocuente, y aun parece que rayaba en el estremo contrario, no solo por escasez de verbosidad, sino tambien por cierto embarazo natural de su lengua, que hacia, segun la espresion del coronista, que fuese su habla *algun tanto confusa y vagorosa.* D. Juan II, sin embargo, se dió por satisfecho con la respuesta que no habia entendido, y pro-

siguió diciendo con tono afectuoso y mas
que sincero:

—Muchas pruebas teneis ya recibidas de
la valía en que os tengo, mi buen adelantado, pero quiero que reputeis como la mayor lo que ahora voy á declararos. He ele-
gido esposo á vuestra hija mayor, y así como habeis tenido la honra de sacar de pila
á nuestro Enrique, así tendrémos la satisfaccion la reina y yo de acompañar al altar á vuestra hermosa Dolores.

D. Diego esta vez no tartamudeó siquiera: la sorpresa que le causó tan honorífica
como inesperada manifestacion, le dejó mu-
do completamente.

El rey añadió:

—Id á comunicar á vuestra esposa mi
nueva merced, advirtiéndola que antes de
que salgais de mi morada os presentaré yo
mismo al yerno que os he escogido, y que
es tal como conviene al mejor servicio mio
y conveniencia vuestra.

—Vuestra alteza me confunde con tantas
bondades, pudo al fin articular el conde, y
mi mayor placer será manifestar mi perfec-
ta obediencia, persuadido de que vuestro

real ánimo se hallará muy distante de querer sea violentada la voluntad de mi hija.

—Podeis estar tranquilo' respecto á eso, respondió el soberano sonriéndose: mi eleccion está de acuerdo con la que en secreto ha hecho ya la interesada; ei marido que la doy es él que ella os pediria, á mas de ser el que cumple mejor á vuestro provecho. En esta seguridad no retardeis á doña Beatriz la alegría de saber lo que habemos concertado; y espresádle bien que el nuevo hijo que le ofrezco es persona tan allegada á mí, tan de mi casa, que ninguna otra encuentro mas merecedora de mi afecto y de vuestra estimacion.

Al terminar estas palabras se apartó el rey de la ventana con aire satisfecho, dejando al conde de Castro tan confuso como maravillado. Obedeció, no obstante, la órden dada por su alteza, y hablando en secreto con su muger la refirió la conversacion que acababa de tener. La sorpresa de doña Beatriz de Avellaneda dió lugar prontamente al regocijo. ¡El mismo rey escogia esposo á su hija!...Esto era ya señalada honra; pero lo que la orgullosa matrona rumiaba allá en sus adentros, con cierta ufanía que se le retrataba en el semblante, eran aquellas notables palabras:—*El hijo que os doy es persona tan allegada á mí, tan de mi casa, que á ninguna otra veo mas digna de mi afecto y de vuestra estimacion.*

¡A qué altas esperanzas no prestaban cimiento tales espresiones del rey! ¡Una persona de su real casa! ¡una persona muy allegada á la suya augusta! ¡una persona la mas digna de su afecto!.... Doña Beatriz pesaba en la recta balanza de su buen juicio cada una de aquellas palabras, y no pudo menos de hallarles grandísima valía, abandonando su alma á las mas lisonjeras y altivas presunciones. ¡Un deudo del rey era indudablemente el destinado para marido de Dolores! La condesa se fijó en esta idea. Si el infante D. Juan hubiese sido soltero en aquel entónces, doña Beatriz se hubiera persuadido de que le cabia la alta honra de tenerlo por yerno: si su hermano D. Pedro no se hallase ausente de Castilla, en él habria pensado la soberbia condesa; pero no pudiendo por las antedichas circunstancias remontar á tanta elevacion sus alegres esperanzas, pasó revista en su alma á todos los deudos del monarca,

y no le quedó duda de que, á mal librar y
fijándose modestamente en lo menos posible, el individuo que iba á entrar en su familia debia ser alguno de los nietos del almirante D. Alonso Enriquez, primo del rey
y el mas opulento magnate de Castilla.

No desagradaba en manera alguna á la
condesa un enlace ordenado por el monarca con aquella casa poderosa; y si bien es
verdad que hasta aquel momento se habia
mostrado propicia á la inclinacion que sentia por Dolores el bizarro Gutierrez de Sandoval, sobrino de su marido, no vaciló entonces en dar señales al rey del júbilo con
que habia sabido su voluntad soberana.

Comprendiólo D. Juan perfectamente, y
llegado el instante de sentarse á la mesa,
condujo á ella por su mano á la esposa del
adelantado y la hizo colocar cerca de sí,
mostrándose en todo el tiempo que duró
la comida tan afable y obsequioso con aquella dama, que los circunstantes, no pudiendo formar ninguna conjetura en detrimento
de su austera virtud, comenzaron á sospechar un nuevo favoritismo que debilitase la
absoluta influencia ejercida por D. Alvaro
hasta aquel dia. Sin embargo, el condes-

table, lejos de dar indicios de hallarse descontento y receloso, se asociaba á su amo
con la mayor gracia del mundo, colmando
de distinciones á los condes de Castro, que
le correspondian con mas muestras de sorpresa que de agradecimiento.

Concluyó el banquete: la hora de comenzarse las justas se iba acercando á mas andar, y todos los caballeros cercaron al rey
pidiéndole su venia para ir á prepararse al
nuevo festejo. En aquel momento D. Juan
II, procurando prestar á su rostro la magestad de que era susceptible, anunció solemnemente á su corte la alianza que habia
concertado y de la que debia ser padrino,
pronunciando por último el nombre que
con ardiente impaciencia esperaban conocer doña Beatriz y su esposo.

Aquel nombre, articulado lentamente por
su alteza en alta voz y tono satisfecho, no
fué ninguno de los que se prometia la condesa. Rodrigo de Luna era el futuro esposo de Dolores, y al declararlo el rey tomó
por la mano al hermoso mancebo y lo pre-
sentó á los condes. D. Diego, todo turbado, se dejó abrazar por su presunto yerno,
y correspondió con embarazadas cortesías

á los parabienes que se le dirigian; doña Beatriz, mas encendida que la púrpura de su riquísimo trage, dió las gracias al rey con singular sonrisa, y saludó al jóven Luna, clavando en el condestable una mirada indescribible, en la que se amalgamaban y confundian el odio y el desprecio, el furor y la ironía.

—

CAPITULO III.

DOLORES Y RODRIGO.

Pudieramos lucirnos, si quisiésemos comenzar este capítulo con la brillante descripcion de las magníficas justas celebradas en Valladolid la tarde del próspero dia en que recibió las aguas del bautismo el augusto heredero del trono de Castilla. Pudiéramos consignar aquí innumerables hechos que mostrasen la bravura y destreza que sabian ostentar en aquellas belicosas fiestas los nobles castellanos, y al instante se nos

vendrian á la pluma cien clarísimos nom-
bres, como Estúñiga, Arellano, Ponce de
Leon, Mendoza, Guzman, Osorio, Pimen-
tel, Manrique de Lara, Tobar, Rojas, Gi-
ron, Herrera, Enriquez, Velasco, y otros
muchos que brillaban entonces en la corte
de D. Juan II, y que con mayor ó menor
fortuna han llegado á nuestro siglo venera-
bles y graves, entre el confuso tropel de las
modernas aristocracias. Pudiéramos dar
muestras de nuestros conocimientos herál-
dicos describiendo menudamente los diferentes blasones que ostentaban aquel dia
tantos ilustres señores, y ni aun nos halla-
ríamos embarazados para hacer cumplidos
retratos de las infinitas beldades que con
sus dulces miradas infundian á los contendientes generoso ardimiento, premiándolo
despues con riquísimas bandas bordadas
por sus manos y desprendidas de su pecho.

Nada de lo que pudiéramos decir diremos sin embargo; nos hemos propuesto ser
lacónicos, por lo mismo de ser rarísima esta cualidad entre los novelistas de nuestra
época, que sin esceptuar al mismo Dumas
(cuyo ingenio por otra parte admiramos), tienen tan estremado placer en charlar con el pa-

cientísimo público, que se detienen capítulos enteros en la prolija esplanacion de los
mas insignifiacantes pormenores, rabiando
por describir hasta lo que parece indescribible. ¿Ni qué decir ademas en punto á
justas, torneos y otros usos característicos
de la edad media, despues que andan de
mano en mano los hechiceros libros de
Walter Scott, el mas inteligente, el mas
profundo, el mas brillante y elocuente pin-
tor de los tiempos caballerescos? Nosotros
dejamos al cuidado de tantos copiantes de
brocha gorda como abundan en nuestra
España, el reproducir toscamente los ini-
mitables rasgos que nos ha trazado con mi-
lagroso pincel aquella mano maestra; y confesamos ingenuamente que, á mas de no ser
tan orgullosos que intentemos igualarnos
al novelista escocés, ni tan humildes que
nos contentemos con copiarlo, se nos antoja
creer que dariamos pruebas de importunos
y hasta de impertinentes si pretendiéramos
entretener con descripciones de marciales
fiestas y de heróicas galanterías al público
de nuestra actualidad; á ese público bursá-
til y *coreográfico* que pasa los dias jugando
á la *alza* ó á la *baja,* y las noches conten-

diendo por la *Guy* ó por la *Fuoco*, por la
Nena, ó por la *Vargas:* de ese público, á
maravilla inteligente en lo tocante á *baila-
bles* y bailarinas, pero que nos engañamos
mucho si fuese digno apreciador de los buenos golpes de lanza y de los platónicos amores. Y no se entienda por lo dicho que so-
mos ciegos admiradores de las pasadas eda-
des, ni mucho menos que intentamos de-
clamar contra aquella en que le plugo al
cielo hacernos venir al mundo. Nosotros
tenemos una filosofía que nos es propia:
creemos que todos los tiempos son lo que
es preciso que sean, y que así como en los
individuos hay defectos inherentes á sus
mismas virtudes (defectos de sus cualidades, como dicen los franceses), así las cos-
tumbres tienen sus males inseparables de
sus bienes. No esplayaremos mas esta idea,
si es que es una idea, y arrepentidos ya
de habernos metido en tales honduras, vol-
veremos á tomar sencillamente el roto hilo
de nuestra verídica relacion, despues de declarar con toda ingenuidad que por nuestra parte estamos mas por lo presente que
por lo pasado; que nos es mas grato asistir
á las contiendas en que las sílfidas del Ola-

na y de Sena se disputan admirablemente
la supremacía en ligereza y habilidad pe-
destre, que nos hubiera placido ser espectadores de aquellas luchas, muchas veces
sangrientas, en las qué se aplaudían las
lanzadas como ahora se aplauden las pirue-
tas. Entonces era el reinado de los brazos:
á nosotros nos toca la soberanía de los piés;
acaso llegue tiempo en que tenga su turno
la cabeza, y no sabemos si cuando esta con-
siga el cetro irán las cosas mejor de lo que
han ido hasta aquí. Sea de ello lo que fuere, nosotros rogamos al lector que se sirva
atender á los antecedentes de que queremos
instruirlo, primero que pasar adelante en el
comenzado relato.

Cuatro meses antes del dia que nos ha
prestado argumento para los precedentes
capítulos, la casualidad reunió en un sarao
con que celebraba sus bodas D. Juan de
Avellaneda, á la hija de los condes de Castro y al sobrino del condestable de Castilla.
La casualidad los reunió una vez, y el amor
supo proporcionarles desde entonces otros
muchos encuentros que á los ojos indiferentes tambien pudieran pasar por eventuales.
Hasta el momento en que vió por prime-

ra vez á la peregrina doncella, habia sido
el jóven Luna infatigable galanteador de
cuantas beldades brillaban en la corte, y
aun en regiones menos elevadas, alcanzan-
do; no obstante sus pocos años y sus gus-
tos literarios, la poco envidiable fama de
calavera y libertino, que solo tenia por fundamento los multiplicados cuanto pasajeros
devaneos á que se habia ávidamente entregado en aquellos primeros años de su pre-
coz juventud. Pero conocer á Dolores y
amarla, con aquel amor, único en la vida,
que termina de golpe todas las veleidades
é incertidumbres del corazon, habia sido
para Rodrigo la obra de un solo instante.
Ella, por su parte, que no conocia otros
afectos que los de la piedad religiosa y
aquellos que inspira la familia, esperimentó
nuevas y estraordinarias sensaciones al encontrar su tímida mirada la mirada ardiente del enamorado mancebo, y toda la instin-
tiva resistencia del recato virginal no pudo
preservarla de amarlo con entusiasmo, como aman generalmente las almas que no se
han marchitado todavía, que no han adqui-
rido en la amarga escuela de la esperiencia
aquella desencantadora desconfianza que

estiende su imperio hasta sobre el propio corazon, haciéndonos dudar no solamente de lo que inspiramos, sino tambien de lo que sentimos.

Dolores alimentaba en su pecho todas las dulces ilusiones de una primera pasion, que nada teme porque se siente fuerte, que en todo cree porque tiene fé en sí misma, y que no previendo la posibilidad de su fin, llega á olvidarse de su reciente principio, haciéndose como innata é inseparable de la vida.

Pero á pesar de todo, Dolores no dejaba de comprender que su union con el que amaba debia encontrar obstáculo en la altivez de su familia, y en especial de su madre, en cuya alma era el orgullo la pasion enérgica y dominante.

Rodrigo, mas feliz, no pensaba lo mismo. Aunque bastante enamorado para conceptuarse indigno de un tesoro como Dolores, lisonjeábase con la idea de que conseguiria su mano, fundando aquella grata esperanza en el ilustre apellido que llevaba, en la nó despreciable hacienda que poseia, y en tener por protector y pariente al personaje que mas que D. Juan II gobernaba en Cas-

tilla. Olvidaba el amante la circunstancia
que mas preocupaba á su querida para in-
fundirle temores: olvidaba que tanto él como su encumbrado deudo debian la ecsistencia á mugeres de ínfima clase y de no
honesta nombradía, á las que sus nobles y
libertinos amantes jamas habian honrado
con el título de esposas. Acaso no com_
prendia Rodrigo toda la importancia que
debia tener aquella triste circunstancia á
los ojos de la ilustre familia con quien deseaba enlazarse, ó acaso el alto favor de su
tio le parecia una ventaja suficiente á com-
pensar satisfactoriamente la falta que le
plugo al destino poner en su nacimiento.
Mas Dolores, como ya indicamos, no parti-
cipaba de las mismas creencias: afligíala la
certeza de que su eleccion no alcanzaria
fácilmente el beneplácito de su padre, y
temblaba al pensar en el carácter de su madre, muger capaz de arrancarse el corazon
con sus propias manos antes que dejarle
abrigar cualquier sentimiento indigno de
su orgullo indomable ó contrario á su razon inflecsible.

La jóven se dijo á sí misma primero, y
despues á su amante, que era absolutamen-

.te preciso confiar sus amores al privado, y que éste les alcanzase la proteccion del rey, única que en concepto de Dolores podia allanar todos los inconvenientes, llevando á feliz puerto sus combatidas esperanzas. Rodrigo, siguiendo tan prudente consejo, abrió su alma al condestable, y vió con indecible regocijo que era acogida su confidencia con indudables muestras de satisfaccion y agrado. En efecto, la union de su sobrino con la hija de los condes de Castro parecia un pensamiento dictado por su política. Conocia muy bien D. Alvaro la poca confianza que debe cimentarse en la amistad de los príncipes: no se le ocultaban tampoco los peligros de su situacion, y aunque no bramaba todavía la tempestad que le rarojó mas tarde de la cima del mas escandaloso poder al abismo profundo de la mas inconcebible desgracia, veíala el favorito formarse ya sobre su cabeza, y agitarse y estenderse sordamente con una rapidez que anunciaba no estaba lejano el momento de su primer estallido. El adelantado D. Diego Gomez de Sandoval no era solamente uno de los gefes mesnaderos mas poderosos del reino; no era solamente un per-

sonaje de la primera distincion enlazado con
muchas familias de alta importancia é influencia; era, ademas de todo, el consejero
mas íntimo y respetado de D. Juan de Aragon, cabeza y alma del partido mas temible
que en contra del condestable comenzaba á
organizarse en Castilla. Unir su familia
con la de aquel magnate debia juzgarse acto de grande acierto por parte de D. Alvaro, y aquel enlace ventajoso en el sentido
político, no lo era menos bajo el aspecto so-
cial, pues por la fortuna como por el nacimiento de Dolores Gomez de Sandoval, era
uno de los mas brillantes partidos de Castilla.

El lector comprenderá, por tanto, sin necesidad de mayores esplicaciones, que el
condestable no descuidó en manera alguna
los tiernos votos de su jóven pariente, y ya
hemos visto que supo disponer, nada menos que *por real órden*, el casamiento de los
dos amantes que con tanto acierto le habian confiado su destino.

Dolores, que esperando el resultado de
los sucesos preparados para aquel dia, no
se apartó de las imágenes de su devocion
mientras duró la ausencia de sus padres,
contaba unas tras otras las horas con dolo-

rosa impaciencia, cuando vino á interrum-
pir sus oraciones y á distraerla momentáneamente de sus pensamientos su dueña
Mari–García. Era esta una muger de cua-
renta y ocho á cincuenta años, alta, enjuta,
acartonada, de aspecto tan poco femenil,
que á primera vista se la podia tomar por
un hombre disfrazado con trage de otro secso: para mas corroborar esta idea, presentaba la parte inferior de su anguloso semblante algunos vellos tan robustos y áspe-
ros, que estaban clamando el ausilio de la
navaja, y tenia su voz unos sonidos tan
broncos y tan duros, que mas parecia propia para mandar la maniobra de un buque,
que para dictar consejos á una niña. Pero
si en lo físico disimulaba perfectamente
que era muger la dueña Mari–García, des-
cubríalo en lo moral, pues era imposible
hallar otra mas curiosa entre las hijas de
Eva, asociando á esta cualidad la de rega-
ñona, antojadiza y parlera. A pesar de esto último, poseia la completa confianza de
sus amos, lo que nos obliga á creer que su
locuacidad no perjudicaba en lo mas míni-
mo á su discrecion y reserva.

Entró aquella muger muy despacito en

el aposento de Dolores; empujó suavemente
la puerta del oratorio, y asomó su barbuda
cara, al mismo tiempo que la jóven, que se
mantenia de rodillas delante de su altar,
volvia con prontitud hácia ella sus bellísi
mos ojos, alarmada por el leve rumor pro-
ducido por las pisadas de la dueña.

Soy yo, dijo ésta, procurando sonreirse.
¿Es posible que os halle de esa manera todavía? Bien está que no quisiérais acompañar á vuestros padres á la ceremonia del
bautizo y al banquete real, puesto que no
os sentíais muy buena en las primeras horas de la mañana; pero teneis ahora un semblante de salud que encanta la vista, y me
parece que es tiempo de que penseis en
vuestras galas. No presumo que querais
tambien privaros de asistir á las justas, no
teniendo que hacer mas para verlas que
poneros al balcon; precisamente frente por
frente de él está el tablado lujosamente vestido, en que presenciará la fiesta su alteza
D. Juan II; y os advierto que muchas damas convidadas por la condesa, vendrán á
casa esta tarde. Como en la presente estacion son éstas tan córtas, el banquete deberá concluirse muy pronto: creo que estaba

dispuesto para la una en punto, y van á dar las tres, á cuya hora se debe abrir el palenque: mirad, pues, si es preciso que trateis de aderezaros.

—¡Las tres ya! murmuró Dolores. El rey habrá hablado ya precisamente. ¡Ya lo sabrán todo!

La dueña, que no entendió una palabra de las que entre dientes articuló la jóven, sacó de un guarda-ropa un hermoso vestido azul celeste, y lo desplegó á su vista, diciendo con mal humor: tanto rezar no conduce á nada: no es sordo ni olvidadizo Dios Nuestro Señor, para que sea menester hablarle incesantemente de una misma cosa. ¿Quereis este trage? Si no, podeis lucir hoy la rica saya de velludo que os regaló vuestro tio hace tres meses, el dia que cumplisteis 16 años, y que todavía no ha tenido el gusto de veros nunca.

Dolores se puso en pié sacudiendo con aire melancólico su profusa cabellera color de castaña, y dijo con dulce voz, pero con tono mohino: No estoy para fiestas, mi buena María. Despues que venga mi madre, despues que la haya visto, entonces tal vez me animaré mas y pensaré en las justas. Dejadme ahora tranquila; os lo suplico.

—Pero cuando venga la condesa, replicó la García, mas enojada aún, ya no será tiempo de vestiros. ¡Válgame Dios con una niña de 16 años que no gusta de atavios! Pero no, á mí no me hareis creer, como á vuestra madre, que lo que tanto os preocupa, es el deseo de meteros á monja: no por cierto: no se me ha pasado por alto la causa verdadera de esas cavilaciones, y os digo que vale cien veces mas vuestro primo Gutierre de Sandoval, que el mancebito de los cabellos rizados que siempre anda rondando por la plaza y acechando nuestros balcones.

Dolores se inmutó; pero antes de que tuviese tiempo de responder á la dueña, repentino rumor de pasos y de voces vino á llamar poderosamente la atencion de ambas.

—¡Son los condes! esclamó Marí-García, soltando sobre una silla el vestido que tenia en la mano.

—¡Mis padres! repitió por tres veces la jóven, temblando de piés á cabeza y poniéndose mas blanca que la cera.

Corro á recibir á la señora, dijo la dueña: bueno será su humor cuando sepa que estais así todavía.

Y salió en efecto, cuidándose poco del aspecto verdaderamente alarmante que presentaba Dolores. Quedóse ésta, por espacio de diez minutos, inmóvil en su sitio, toda absorta en escuchar: pero nada se oia. El ruido causado por la llegada de los condes se habia ido calmando progresivamente.

La jóven no pudo resistir su dolorosa ansiedad y salió de puntillas hasta los corredores. Estaban desiertos y siguió andando cautelosamente sin saber ella misma á dónde se dirigia.

Mari-García, que la habia dejado tan bruscamente pensando que su ama vendria bastante complacida para encontrarse dispuesta á soportar su charla y á contentar algun tanto su curiosidad refiriendo circunstancias del banquete regio, se habia hallado tan chasqueada en su esperanza, que tuvo á bien recurrir á los escuderos para saber algo; y la condesa y su marido se encerraron solos en el gabinete particular que tenia destinado á su tocador aquella dama.

Dolores, no encontrando á nadie, atravesó algunas salas de aquella vastísima casa, y se halló casualmente delante de la puerta del gabinete mencionado, percibiendo entonces la voz de una persona que hablaba dentro, y que reconoció al punto. Se acercó temblando y casi sin respirar hasta la puerta, y pudo escuchar bastante distintamente el diálogo siguiente:

—Os repito, decia doña Beatriz en el instante en que Dolores aplicaba el oido á la cerraja, os repito que es una burla indecente, un ultrage premeditado. Bien sabe el rey que nos es imposible aceptar tan vergonzoso enlace: pero se ha querido escarnecernos, Don Diego: se ha querido humillarnos á la faz de la corte.

—Os engañais, Beatriz, respondió el adelantado. D. Juan II está sobrado ciego para poder medir la distancia que separa á Rodrigo de Luna de la hija de los condes de Castro: ha creido sinceramente que nos hacia honor al proponernos esa alianza. Ademas, ¿no ha visto á los Portocarreros darse por muy felices en emparentar con el hijo de la prostituta de Cañetc?

—¡Miserables! esclamó doña Beátriz con tono de desprecio inimitable, añadiendo en seguida: El rey debe comprender que los Sandovales y las Avellanedas no se semejan en nada á los Portocarreros, ó cualesquiera otros para quienes el caprichoso favor de un príncipe débil sea suficiente á prestar valía á oscuros advenedizos, dándoles el derecho de igualarse con ellos.

—El rey, repuso con amargo acento D. Diego, no piensa en cosa alguna, como no sea en complacer á su privado. ¡Rodrigo de Luna! añadió: no podia su alteza haber escogido á mi hjja un esposo que me fuese menos agradable y que seguramente mereciera mas la desaprobacion, del infante. ¿Qué dirá D. Juan de Aragon de semejante casamiento?

—¿Pues es acaso posible? prorumpió la condesa: ¿pensais que ese casamiento debe verificarse?

—Señora, respondió el adelantado: nací vasallo del rey de Castilla, y bien sabeis que ha sido *órden* suya, *órden terminante*, que ese enlace se realice.

—La potestad del rey no se estiende á tanto, esclamó con voz trémula de colera la altiva doña Beatriz: no es dueño el rey del honor de sus súbditos: no puede mandar

que se infamen por dar gusto solamente á
su ambicioso favorito. Así se lo direis á
su alteza, D. Diego, así se lo direis.

—Cuando se agita en vos el orgullo, jamas escuchais á la prudencia, dijo el adelantado. Beatriz, lo que estais diciendo es
un desatino. Yo hablaré con el infante:
buscaré medios honrosos y dignos de eva-
dir el terrible empeño en que nos vemos me-
tidos; pero mientras tanto, es preciso disimu-
lar y mostrar á todos el profundo respeto
con que acojemos las órdenes del monarca.

—¡Nunca! ¡nunca disimularé la indigna-
cion justísima que siento! gritó fuera de sí
la condesa. Nadie podrá presumir un solo
instante que he aceptado con sumision la
ignominiosa propuesta de esa indigna alianza. Tenedlo entendido, D. Diego, y obrad
como querais, pero en el concepto seguro
de que antes mataria á mi hija que dársela
por esposa al hijo ilegítimo de la verdulera
de Tordesillas.

Un grito lastimero y hondo siguió inmediatamente á esta declaracion de la condesa: oyóse al mismo tiempo el golpe de un
cuerpo contra el pavimento al otro lado de
la puerta que separaba aquella estancia de

la contigua, y al abrirla asustados los condes, hallaron á Dolores fria y sin conocimiento delante del umbral que ensangrentaba su herida y desmelenada cabeza.

—¡Nos estaba escuchando! esclamó el adelantado bajándose para tomarla en sus brazos. Nos estaba escuchando, y el estado en que la vemos nos prueba la verdad de lo que asegura el rey.

—¿Qué asegura el rey? preguntó toda trémula la condesa, mientras limpiaba con su pañuelo la ensangrentada frente de su hija.

—Que esta infeliz ama á Rodrigo, contestó D. Diego: que el marido que él la da es el escogido por ella.

Doña Beatriz se apartó de Dolores con un gesto de repugnancia y horror, y en tanto que á las voces del conde acudian los criador de la casa y le ayudaban á trasportar al lecho á la pobre niña, aquella muger orgullos, aretrocediendo hasta el fondo del gabinete, se dejó caer desplomada en un sillon, cubriéndose el rostro con las manos y articulando con ahogado acento:

—¡Muera en buen hora si es cierto que lo ama.

CAPITULO II.

___

EL MÉDICO.

Los balcones de la casa del adelantado estuvieron cerrados toda aquella tarde: las personas convidadas para contemplar desde ellos el espetáculo marcial que se ofrecia en la plaza, recibieron aviso á última hora de que un repentino y peligroso accidente sobrevenido á la hermosa hija de los condes de Castro, privaba á aquellos señores del placer de recibir á sus nobles amigos y presenciar con ellos las fiestas.

5

Así, cuando todo era animacion y bullicio delante de la casa de Sandoval, reinaba
dentro de ésta el pesar y la consternacion,
porque la situacion de Dolores adquiria por
instantes mayores apariencias de gravedad.
Dos horas permaneció privada de sentidos,
no obstante habérsele prodigado todos los
ausilios posibles bajo la direccion del doctor Yañez, que era reputado uno de los mas
hábiles discípulos de Hipócrates y Galeno,
y cuando se consiguió por último hacerla
volver en sí, la asaltó inmediatamente vio-
lentísima fiebre que comenzó con terribles
convulsiones, haciendo concebir al médico
sérias inquietudes que no procuró ocultar.
No se apartaba D. Diego de la cabecera del
lecho en que yacia su hija, mostrando el
estremo de su cariño hácia ella en la angustiosa perturbacion que lo dominaba, y
en medio de la cual daba incesantemente
las órdenes mas contradictorias á su atribu-
lada servidumbre. Mari-García cuidaba
de rectificarlas, asistiendo á la enferma con
mucha mayor serenidad y no menor eficacia; pero la condesa se mantenia en su aposento, contentándose con enviar de rato en
rato á su doncella de confianza Isabel Perez,

para que se informase cuidadosamente del
estado de la jóven.

Cuando se terminaron las justas, D. Juan
de Avellaneda y Gutierre de Sandoval, sobrino del adelantado, se presentaron juntos
en aquella casa consternada: el primero fué
introducido al punto en el gabinete en que
se hallaba su hermana, y el segundo se en-
cargó de recibir á las innumerables personas
que se apresuraban á cumplir los deberes
de la amistad, yendo personalmente á tomar
noticias de la desgracia ocurrida, mani-
festando á los interesados la parte que en
su pena les cabia. De los primeros que se
presentaron fuéron D. Alvaro de Luna y
su jóven deudo Rodrigo; mas ni el vivo interes que espresó aquel en los términos mas
corteses, ni la verdadera y congojosa ansiedad que se pintaba enérgicamente en el
semblante del otro les merecieron grandes
muestras de gratitud por parte del jóven
Sandoval, que sostuvo la visita con ceremo-
niosa urbanidad en la que se traslucia fácilmente cierta especie de violéncia. Rodrigo, por lo tanto, salió de la morada de
su ídolo sin haber alcanzado á comprender
ni la causa ni la gravedad del accidente por

las lacónicas respuestas que diera Sandoval
á sus multiplicadas preguntas, pero presin-
tiendo, no obstante, mucha parte de la gravedad del suceso. Agitado por los recelos
mas crueles, se puso á rondar el pobre jóven á los alrededores de la casa, y á pesar
de la intensidad del frio pasó toda la noche
en aquella plaza tan concurrida y bullicio-
sa algunas horas antes, y entonces solitaria,
silenciosa y oscura.

—El alférez mayor conferenció largo
tiempo con su hermana, y fué resultado de
la plática que, hácia las doce de la noche,
se presentara la condesa, acompañándola
él, en la estancia de la enferma.

—¿Cómo está? preguntó á su marido que
permanecia al lado del lecho teniendo entre
las suyas una de las manos de Dolores.

—¡Ya lo veis! contestó con ahogada voz
el padre. El médico se ha marchado hace
poco para volver á las dos, hora en que cree
posible se verifique la crísis.

—Esto no será nada, articuló doña Beatriz
inclinándose sobre la cama para ecsaminar
de cerca el semblante de su hija: la herida
que al caer se hizo en la frente no es mas

que un leve rasguño; añadió sentándose cerca de su esposo con apariencia de calma.

D. Juan de Avellaneda se acercó también, y como se preciaba de conocedor, pulsó á la doliente y repitió lo que habia dicho su hermana.—No es nada.

—Algunas semanas de sosiego en el convento en que pasó su infancia, dijo doña Beatriz, la restituirán completamente la salud y la alegría.

—De todos modos, añadió D. Juan, mañana mismo debeis poner en conocimiento de su alteza la dolorosa impresion que parece haber causado en esta niña el proyectado consorcio. Es motivo mas que suficiente para que se desista de tan absurda idéa.

Nada dijo el conde respecto á lo que su muger y su cuñada acababan de espresar, pero se inclinó para besar la frente de su hija y sobre ella murmuró:

—¡Vive, Dolores mia, vive! es cuanto mi corazon te pide.

El alférez mayor se despidió entonces, ofreciendo volver al dia siguiente, y la condesa (que la acompañó hasta la misma escalera) tornó á situarse despues junto al lecho de Dolores, donde la encontró todavía el doctor Yañez cuando vino á visitar á la enferma.

Eran mas de las dos: el médico vió que la jóven parecia tranquila, D. Diego le dijo con tono de satisfaccion:

—Hace dos horas que duerme: las convulsiones no han repetido.

Tomóla sucesivamente estrambos pulsos el hijo de Esculapio y movió significativamente su voluminosa cabeza cubierta por una enorme peluca de recios cabellos enrojecidos por el tiempo.

—¿Querreis persuadirnos, esclamó con ímpetu la condesa, que es muy grave el estado de esta niña?

—Lo es á mi entender, señora doña Beatriz, le contestó sin alterarse el médico. La jóven paciente ha debido ser afectada por algun dolor inesperado y profundo: algun golpe tremendo ha herido á este corazon, trastornando toda la armonía del organismo. El alma es aquí la enferma, no me cabe duda, y esta clase de males son los mas oscuros para la ciencia.

A la edad de Dolores, dijo prontamente la condesa, no hay pesares profundos, señor

Yañez, y por vivos que puedan pareceros, no os alarmarán sus consecuencias.

—No comprendo lo que vuesa merced quiere decir, replicó con su imperturbable gravedad el hombre de ciencia. Esta señorita está dotada de esquisita sensibilidad y de débil complecsion: las afecciones morales ejercen una influencia terrible en....

—¡Callad por Dios! le interrumpió la condesa con estremado enojo: no me atolondreis la cabeza con vuestras teorías. Yo os digo, señor doctor, que dentro de pocos dias estará Dolores tan buena como vos.

—Haga el cielo verdadera la fausta profecía de vuestra merced, repuso el médico: por mi parte repito que el estado de esta señorita me inquieta en sumo grado; que su corazon padece mucho; que de ahí proviene todo; y que nada puedo hacer para remediar los efectos si primero no se me pone en estado de combatir la causa.

La condesa se levantó con el semblante encendido y los ojos fulgurantes: pero su marido, sin darla tiempo de desplegar los labios, pronunció lentamente estas palabras:

El médico es como el confesor: todo debe saberlo. Teneis razon en cuanto habeis dicho, señor Yañez; esta niña está enamorada y ha creido que sus padres podrian posponer su felicidad á consideraciones sociales. Cuidadla, asistidla, y cuando se halle capaz de comprenderos, aseguradla, en mi nombre, que no hay sacrificio alguno que no me halle dispuesto á llevar á cabo por salvar su vida y contribuir á su ventura.

Al acabar estas palabras se salió de la estancia con aspecto triste, pero resuelto, y su muger le siguió presurosa, dibujándose en sus labios una sonrisa amarga y casi amenazadora.

No emprenderemos la enojosa tarea de pintar detalladamente la larga y borrascosa escena que se verificó entonces entre los dos esposos, á algunas varas de distancia del aposento de Dolores; basta á nuestro objeto asegurar que no olvidó doña Beatriz ninguno de los medios que creyó convenientes para apartar á su marido del pensamiento que habia osado espresar en su presencia. Reflecsiones, reproches, ruegos, enojos, todo fué empleado alternativamente con igual energía; pero el adelantado se mantuvo inflecsible, oponiendo á todos los ataques esta sola defensa que le parecia invencible.—Se trata de la ecsistencia de mi hija. Ya habeis oido al doctor: su estado es grave: solo hay un medio de salvarla, y sea cual fuere ese medio, un padre no puede rechazarlo.

Doña Beatriz intentó en balde convencerlo de que el accidente de la jóven no prestaba fundamento á sérias inquietudes; el conde movia la cabeza sonriendo tristemente, y decia sin abandonar su terreno:

—Está muy mala: el golpe ha sido cruel, moriria irremediablemente si se continuaba contrariando esa desgraciada pasion que se ha apoderado de su alma.

Doña Beatriz habló del gran disgusto que causaria al infante aquel casamiento odioso. Su marido no fué mas sensible á esta consideracion que á las que le habian precedido.

—No será mayor que el mio, el pesar de su alteza, respondió; pero se trata de la vida de mi hija, y ante un interes de tamaña magnitud todo lo demas desaparece.

—¿Y si el infante os dijese resueltamente que no presta su consentimiento á pesar de vuestras estravagantes aprensiones?

—El casamiento se verificaria lo mismo que si lo aprobase el infante.

—¿Así, pues, estais resuelto á hollarlo todo, á despreciarlo todo por satisfacer la ambicion de unos aventureros, y los caprichos de una niña?

—Estoy resuelto á salvar la vida de mi hija, cuésteme lo que me costare, contestaba, el conde siempre fijo en su idea.

En efecto, el amor paternal ejercia dominio mas estenso que el orgullo en el corazon de aquel hombre que, segun nos asegura un cronista, *era de condicion tratable, sin elacion, es decir, sin vanidad ninguna* *.

Rarísimas veces sucedia que se opusiese el adelantado de Castilla á las voluntades de su esposa, con cuyo carácter imperioso observaba por lo comun los mayores miramientos; pero cuando llegaba el caso de que manifestase abiertamente una opinion contraria á la de aquella, sabia sostenerla con tan fria perseverancia que toda la impetuosidad de la condesa se quebrantaba al fin contra su tranquila firmeza. Sabíalo la dama, y comprendió en la ocasion de que ha-

---

* Crónica de D. Juan II.

blamos la inutilidad de sus esfuerzos. El conde habia tomado su resolucion, y nada era capaz de apartarle de ella.

Doña Beatriz se limitó, por tanto, á hacerle comprender que no estaba por su parte menos firme en su resistencia, y salió de la cámara del conde con el aspecto de un adalid que en el instante de entrar en una lucha de muerte recoge todas sus fuerzas, y las pesa rápidamente en la balanza de su propia conciencia.

Andando maquinalmente se encontró á la puerta de la estancia de su hija y fué casualmente en el momento mismo en que la abria para salir el doctor Yañez. La doncella que le acompañaba continuó andando, precediendo al médico, pero éste se detuvo para decir á la condesa en voz baja y tono satisfecho:—Va bien: puede vuestra merced recogerse á descansar perfectamente tranquila. La señorita ha tomado un calmante; ha sabido las intenciones de su señor padre, que la he comunicado con las debidas precauciones, y acaba de dormirse perfectamente, envuelta en copiosísimo sudor que nos anuncia sin duda la prócsima cesacion de la fiebre. Su dueña queda ve.

lando á la cabecera del lecho, y como son ya las cuatro de la mañana, me retiro á mi casa, si vuestra merced no ordena lo contrario.

—Tengo que hablaros antes, respondió con acento breve la condesa; é hizo al facultativo un ademan imperioso, indicándole la siguiera.

La criada, que no echara de ver la detencion del médico, á quien conducia á la escalera, proseguia andando con una luz en la mano y los ojos cargados de sueño, hasta que se encontró con otros dos domésticos de la casa que velaban tambien en el recibimiento, y oyó que la decia uno de ellos:—¡Hola! ¡Viene la hermosa Juana á pedirnos una silla cerca de nuestro fuego? ¡Vedlo qué hermoso está! No tendreis un brasero semejante en el cuarto de vuestra señorita, porque he oido decir que á los enfermos les hace daño el calor artificial; á la verdad bien se puede pasar sin el carbon ó la leña quien tenga en la sangre el fuego de la fiébre, pero vos, pobre Juana, debeis estar tiritando: la noche es á propósito para que uno se hiele velando enfermos.

—Llegaos, añadió el otro: decidnos si

aun nos tendrán muchas horas haciendo centinela á la escalera: ¿va á esperar el dia el doctor dentro de la casa?

Juana volvió entonces hácia atras sus soñolientos ojos y esclamó con sorpresa:

—¿Pues qué se ha hecho ese hombre?

Los criados tornaron á brindarle el atufante calor de la gran copa lléna de brasas que habian colocado en medio del recibimiento, mas ella sin siquiera darles las gracias desanduvo lo andado en busca del doctor Yañez. No le halló la doncella, como pensaba, ni detenido en los corredores ni en la cámara de la enferma; pero cuando se acercó al gabinete particular de la condesa, cuya puerta estaba cerrada, percibió que hablaban dentro, y pudiendo mas que el sueño la curiosidad, hizo cuanto le era dado para entender las palabras que llegaban confusamente á sus oidos; pues le pareció cosa bastante estraordinaria que una señora tan recatada como su ama se encerrase sola con un hombre en aquellas horas, por mas que los años y la peluca del doctor debiesen alejar toda sospecha de cierto género, aun del ánimo mas desconfiado y malicioso.

Imposible le fué á Juana, no obstante. sus cuidados, oir clara y seguidamente la conversacion de la condesa y el médico; solo pudo recoger palabras sueltas que trasmitiremos á nuestros lectores.

—Estais ganado por Rodrigo de Luna, no lo negueis, dijo doña Beatriz. Os han visto hablar con él esta noche en la plaza cuando salíais de mi casa.

Juana no pudo entender ni una sílaba de la contestacion del doctor, pero oyó en seguida estas palabras de su interlocutora:

—De poco le servirá estar espiando mis puertas, y vos sereis mas insensato que él si por la necia esperanza de que su proteccion os alcance lo que sin ella mereceis, echais en olvido todo el mal que puede resultaros de tenerme por enemiga. Os hablo con franqueza, señor Yañez: el triunfo que habeis obtenido haciendo temer á un padre la pérdida de su hija, os costará muy caro si no sois bastante hábil para deshacer lo hecho. D. Juan de Avellaneda os puede servir tan bien ó mejor que Rodrigo de Luna en lo que solicitais, y no hay nadie en Castilla que pueda salvaros de mi resentimiento si sois bastante loco para desafiarlo.

El doctor contestó con calor; pero Juana no entendió mas que estas frases truncadas:

—Vuesa merced me acusa sin razon.... no niego que deseo ardientemente conseguir.... no permita Dios que yo me atraiga el odio de vuesa merced y de su señor hermano, á quien.... indíqueme vuestra merced por qué medios puedo....

Tampoco se oyeron bien todas las palabras de la condesa que siguieron á las del doctor: estas fueron las mas notables que entendió la doncella:

—Estoy resuelta á impedir á todo trance esa alianza vergonzosa: la mataria antes que dársela por esposa á Rodrigo. Ayudadme ó declaraos en mi contra: ¡pero meditadlo! Escuchad lo que puedo hacer en favor y en daño vuestro; me conoceis y....

—Vuesa merced usa de una franqueza que ecsige se le corresponda con la misma....

Oyó Juana cuando la condesa cesó de hablar, mas el doctor continuó con voz tan baja, que no le fué posible entender ni una sílaba mas.

El diálogo pareció bastante animado desde aquel momento; pero los que le soste-
nian se habian alejado sin duda de la puerta en que escuchaba la criada, y apenas logró de vez en cuando percibir confusamente tal ó cual palabra, verbi—gracia:—Id á
hablar con mi hermano....—Una carta del
infante....—Lo sostendreis con teson....
—Señora condesa, ¿y si nada se lograra con
todo eso, pensais?.... ¡Dios mio! ¿lo dice
vuestra merced de veras?........De todo soy
capaz antes que consentir....—Pero señora.....—Son inútiles esas reflecsiones; si
no hubiese otro remedio, no dudeis......
—Obedeceria á vuestra merced en tal caso.

Todavía hablaban dentro del gabinete, y
todavía escuchaba á la puerta la curiosa
Juana, no obstante el poco fruto que alcanzaba, cuando se vió sorprendida de improviso por Isabel Perez, doncella predilecta
de doña Beatriz, que venia entonces del
cuarto de Dolores.

—¿Qué haceis aquí? dijo á Juana severamente, aunque cuidando de no ser oida.

—Ya veis, respondió turbada, me pareció
que llamaba la señora, y me he acercado
á oir si estaba en efecto en esta estancia.

—Está, dijo Isabel, y yo quedo para si llama; vete á acostar: nadie te necesita.

Juana obedeció, y casi al mismo instante se abrió la puerta del gabinete y salió el doctor andando de puntillas, pero con aspecto algun tanto pensativo y mas grave que de costumbre, lo cual no atenuaba un no sé qué de maligno y de hipócrita que era natural á su fisonomía.

La condesa mandó en seguida que todos se retirasen á descansar, y ella misma se metió en el lecho despues de haber preguntado por su hija y saber que continuaba durmiendo con tranquilidad, velando su sueño la buena Mari—García.

CAPITULO V.

EL AMOR DE UNA MUGER, Y EL ORGULLO DE OTRA.

Al dia siguiente á las nueve de la mañana, Dolores, pálida y débil, pero completamente libre de calentura, estaba incorpora-
da sobre sus almohadones tomando un cal-
do que le servia su dueña, y el conde y la
condesa se hallaban sentados, uno frente á
la otra, delante de la cama de la eferma.

—Ha sudado mucho y ha dormido bien,
decia Mari—García: cuando la vea el doctor
quedará muy contento: estoy segura.

—¿No sientes ninguna incomodidad, hija mia? preguntó D. Diego, que tenia fijos los ojos en la jóven con entrañable cariño.

—Un poco de opresion en el pecho; la cabeza algo adolorida.... pero ya pasará; estoy mucho mejor: respondió Dolores, dirigiendo á su padre una afectuosa mirada.

—Es menester que te restablezcas pronto, muy pronto; repuso aquel: ya sabes que tan luego como te encuentres buena debemos celebrar los contratos de tu matrimonio.

La doncella, cuyo descolorido semblante se animó súbitamente con inefable espresion, estendió su diestra para asir la de su padre y quiso aplicar sus labios sobre ella; mas el conde se levantó al mismo tiempo y la estrechó entre sus brazos.

—¡Padre mio! ¡amado padre mio! fué todo lo que pudo articular Dolores; pero el acento de aquellas palabras y la mirada que las acompañó espresaban tantos dulces afectos, que debió inundarse de alegría el corazon del conde.

—¿Has podido dudar,.la dijo conmovido, de que era tu felicidad el interes primero de mi vida?

—¡Perdonadme! esclamó Dolores dejando caer su desfallecida cabeza sobre el seno paternal. ¡Os debo dos veces la ecsistencia, padre mio! ¿Con qué podré pagaros?

—Con ponerte buena; con ser feliz: respondió el adelantado, y se apartó un poco para ocultar el esceso de su enternecimiento.

La condesa nada decia. Sus ojos se fijaban con distraccion en un retrato de su padre que estaba colocado al frente del lecho de su hija, y sus labios, contraidos, parecian parodiar una sonrisa. En aquel momento entró el médico.

—Vuestra enferma os hace honor, amigo Yañez, le dijo el conde recibiéndole con agasajo. Su mejoria es visible.

El doctor pulsó á Dolores, que se sonreia con angélica satisfaccion, y despues de hacerla algunas preguntas se quedó pensativo.

—Creo que nada hay que temer, articuló el conde, observando con desagrado el aspecto del médico.

—En realidad, respondió éste no sin vacilar un instante, no veo ningun indicio de peligro inmediato; pero.... esta señorita necesita grandes cuidados.

—Hablad con franqueza, esclamó D. Diego: ¿os parece que hay motivo para recelar la repeticion del accidente?

—No es eso lo que temo, pronunció el facultativo mirando á la jóven con espresion de piedad. Hay ciertas predisposiciones desgraciadas.... en fin, mi opinion es, señor conde, que es indispensable evitar á la enferma toda emocion violenta: las impresiones fuertes, aun las de la alegría, pudieran serle funestas. Su pecho está delicado.

—¿Qué género de vida le aconsejais? preguntó la condesa, que parecia tan conmovida como su esposo por las palabras del médico.

—El mas tranquilo, respondió éste. Nada de agitacion física ó moral. El campo, los aires puros, las distracciones mas sencillas:.... Creo conveniente, indispensable, que esta señorita se aleje del tumulto de la corte y no piense por ahora sino en su salud. Su organizacion especial requiere grandes cuidados.

El conde vió temblar á Dolores, y se apresuró á decir:

—Mi hija, como sabeis, se casará dentro de breves dias: en seguida puede marcharse al campo con su marido, y proporciónarse una vida tan apacible como le convenga.

El médico hizo un gesto que en cualquiera otra circunstancia hubiera hecho reir infaliblemente á cuantos le miraban, y esclamó con tono de asombro:

—¡Al campo con su marido!... ¡cómo! ¡lo ha dicho así vuestra merced?... en el estado en que se halla. Sin duda no he sabido hacerme comprender.

—¡Pues qué! articuló el conde demudado.

—Esta señorita no debe, no puede casarse ahora, dijo resueltamente el doctor.

La dueña lanzó un chillido; Dolores acababa de desmayarse en sus brazos.

Un instante despues, en tanto que se prodigaban los ausilios acostumbrados á la jóven doliente, entró á anunciar Isabel Perez que llegaban á visitar al conde D. Alvaro de Luna y su sobrino, y que un individuo de la real servidumbre venia al mismo tiempo á informarse de parte de sus altezas reales del estado de la enferma.

—¡Ya empieza á recobrarse! esclamó la dueña.

—Esto es nada, añadió el médico: ya pasó. Bebed este vaso de agua, señorita.

El conde, todo trémulo, tomó el vaso y lo acercó á los labios de su hija, que fijándole una mirada de indescribible ansiedad, murmuró débilmente:

—¡No puedo casarme!.... ¡estoy mala! ¿no ha dicho eso?

—¡No, no! esclamó el padre: te pondrás buena al instante: ¿no es verdad, vida mia? te pondrás buena, porque vas á ser dichosa. Escucha, Dolores: el condestable y su sobrino me esperan en este instante: el rey ha mandado á saber cómo te hallas. ¿Quiéres que responda á los tres que te encuentras capaz de firmar mañana las capitulaciones matrimoniales?

La jóven se estremeció de alegría; un fugaz, pero vivo sonrosado se esparció por su rostro, y respondió sin titubear:

—Estoy capaz, sí; bien podeis decirlo.

En seguida, como avergonzada, ocultó la cabeza en el pecho de su dueña, y el conde, gozoso con su animacion, miró al médico con aire triunfante, y dijo resueltamente:

—Voy á advertir á los Lunas que mañana á esta hora los espero para la celebracion de los contratos, y pasaré en seguida á poner en conocimiento del rey esta determinacion.

—¡Deteneos! gritó doña Beatriz, poniéndose en pié con ademan impérioso.—No me compelais hasta el estremo de que ejecute alguna cosa horrible. ¡Qué! Ese casamiento que solo aceptábais como único medio de salvar la vida de vuestra hija, ¿os es ya tan satisfactorio que lo llevareis á cabo sacrificando la misma ecsistencia que tanto aparentábais estimar?

El conde miró á Dolores que le dirigia un gesto suplicante de angustiosa inquietud, y respondió con firmeza:

—El doctor decia ayer que era preciso curar el alma antes que el cuerpo: seguiré su consejo, y si los temores que manifiesta hoy salen fundados por desgracia, apelaremos entonces á su ciencia. El corazon me dice que no será menester.

Iba á salir de la cámara al terminar su

última frase; pero la condesa se le puso delante: su rostro encendido ostentaba en aquel momento toda la energía del dolor, y toda la aspereza de la cólera.

—¡D. Diego! esclamó con ahogada voz: mirad lo que haceis: tened presente que os he dicho que estoy resuelta á impedir á todo trance el deshonor de mi casa.

—Beatriz, respondió turbado, pero inflecsible D. Diego: yo os he dicho tambien que estoy resuelto á salvar á toda costa la ecsistencia de mi hija. Y salió acelerado.

—¡Salvar su ecsistencia! repitió entre dientes la condesa.

—¡Oh, madre mia! dijo entonces Dolores, haciendo esfuerzos para ponerse de rodillas encima de su cama. Tened piedad de mí; no me negueis vuestro consentimiento.

La condesa dió dos pasos hácia su hija, se paró enfrente de ella mirándola con estraordinaria espresion, y pronunció las siguientes palabras, despues de un momento de silencio, durante el cual la jóven arrodillada y con las manos juntas, clavaba en tierra sus hermosos ojos preñados de lágrimas:

—¡Dolores! por mí, por tí, y por el honor

de tu familia, por cuanto haya mas sagrado, te conjuro en este instante que rechaces para siempre esa union ignominiosa. Como amiga te lo suplico; como madre te lo mando.

—¡Dios mio! ¡Dios mio! murmuró la doncella cayendo desfallecida sobre su almohadon.

Doña Beatriz se acercó mas á ella: llegó hasta apoyar sus manos en el borde de la cama, repitiendo con trémulo acento:

—Por tí, por mí, por evitar grandes desgracias.... ¡Dolores! es preciso que te niegues á ese casamiento.

—¡No puedo!.... respondió ella llorando amargamente y sin mirar á su madre.

—¿No puedes?.... pronunció la condesa con indescribible tono.

—¡No puedo sin morir! dijo Dolores.

—¡Pues bien! ¡muere! esclamó la condesa. ¿No es mejor morir que deshonrarse?

—¡En nombre del cielo, madre mia! gritó la jóven incorporándose con febril ecsaltacion. ¡Dejadme por piedad! ¡Yo amo.... combato inútilmente hace cuatro meses esta pasion desgraciada, y ella me ha vencido. No puedo mas.

—Así, pues, repuso la condesa temblándole los labios y poniéndose tan pálida como encendida estaba un momento antes: así, pues, tu resolución es invariable: ¿no es eso? ¿estás decidida á casarte con el bastardo de Luna, aunque te diga tu madre que prefiere tu muerte á tu deshonra?

Dolores, fuera de sí, embriagada por su propio dolor, esclamó con estraña energía:

—No ha querido el cielo que yo heredase vuestro implacable orgullo, madre mia. Yo tengo un corazon que padece y que ama. Despedazadlo si así os agrada; ¡humilladlo, maldecidlo! pero es de Rodrigo: ¡nadie podrá quitárselo nunca! ¡nadie!

—¡Niña! ¿qué estás diciendo? prorrumpió la dueña escandalizada. ¿Así habla una señorita honesta y pudorosa? ¿Se dirigen tales espresiones á una madre?

—La enferma está delirando, añadió el médico. ¡En buen estado se halla para pensar en boda!

Dolores lo miró con ojos desencajados; se pasó las manos por la frente, y dijo por último con angustioso afan:

—No deliro, no: no penseis que será posible hacerme pasar por loca: yo tengo toda

mi razon aunque se me parte el pecho.—
¡Perdonadme! añadió tendiendo las manos
á su madre. No puedo complaceros; ¡no
puedo! haced de mí lo que querais.

—¡Bien! tranquilízate, dijo doña Beatriz
que parecia haber recobrado su calma llena
de dignidad.

—Señor Yañez, volved á la noche á visitar á vuestra enferma: ahora necesita reposo.

Diciendo esto salió con el facultativo,
acompañándolo hasta la escalera. Dolores
lloró amargamente por espacio de diez ó
doce minutos, sin contestar nada á las re-
convenciones que la dirigia la dueña sobre
la falta de modestia y la irreverencia con
que habia hablado á su madre. Despues
el fuego de la fiebre volvió á enardecer su
sangre: pareció agitada, tuvo ligeros estre-
mecimientos; pronunció algunas frases in-
coherentes, y por último, se quedó aletar-
gada. Mari-García, que apenas reparó en
todo aquello, preocupada con sus sermones,
la creyó dormida y corrió las cortinas de
la cama murmurando enfadada:

—¡Vaya con las niñas del dia! ¡qué obediencia! ¡qué respeto filial! ¡Pobre conde-

sa! le sobra razon para no querer por yerno
al tunantuelo que ha trastornado de tal modo la cabeza de esta chiquilla. Lo que es
yo por mi parte tampoco consiento.

Mientras que esto refunfuñaba María, el
conde que acababa de venir de palacio, á
donde, fué con el condestable y su sobrino,
para comunicar al rey que al dia siguiente
se firmarian los contratos, leia un billete
del infante D. Juan, concebido en estos términos:

"Sé el compromiso en que os hallais con
el rey, mi querido conde, y os recomiendo
que vengais á verme antes de resolver cosa
alguna. Ese casamiento no debe llevarse
á cabo, y yo os indicaré los medios de salir bien del empeño. Vuestro amigo

D. JUAN DE ARAGON."

D. Diego Gomez de Sandoval contestó,
sin pensarlo mucho, con estas palabras:

"Alto y poderoso señor: el pesar con que
me presto al casamiento ordenado por el
rey, se acrecienta ahora viéndome en la necesidad de decir á vuestra señoría que nada
puede hacerse para evitarlo. Mi hija ha
estado á las puertas del sepulcro, y la he

empeñado mi palabra de honor de que mañana se firmarán los contratos: sábelo ya el
rey, y cuando recibí el escrito á que tengo
la honra de contestar, me disponia á comu-
nicarlo á vuestra señoría pidiéndole su
aprobacion, que no dudo me dispense ente-
rado del estado de las cosas.

"B. L. M. de V. S. su humilde servidor,

"EL CONDE DE CASTRO."

En el momento en que salia un escudero
del conde á llevar aquella carta al infante,
entraba D. Juan de Avellaneda á visitar á
su hermana. La condesa le recibió sola
en su gabinete. Eran entonces las dos de
la tarde.

CAPÍTULO VI.

EL DIA DE 'LOS CONTRATOS.

NINGUNAS resoluciones son tan tenaces como las de aquellas personas que rara vez
ejecutan sus voluntades. Hay caractéres
fuertes, pero perezosos, que por cariño, por
prudencia, por indolencia muchas veces,
se habitúan á ceder á los espíritus activos
y turbulentos con quienes se hallan en con-
tacto, y soportan pacientemente la tiranía
á que se han sometido, por la capacidad que
reconocen en sí de sacudirla á su placer, en

el momento en que los escite un interes poderoso. Llegadas las circunstancias solemnes, salen de su apatía con tanta mayor fuerza, cuanto ha sido mas larga su perezosa inaccion, y suelen ser obstinados á medida que han sido inertes.

Esto acontecia á D. Diego Gomez de Sandoval: apenas podia recordar doña Beatriz que en todo el tiempo trascurrido desde que era su consorte se le hubiese opuesto sériamente á uno de sus deseos; mas bien comprendia en la circunstancia á que aludimos que habia llegado el caso de ser ella la que se plegase ante una decision inmutable espresada con una autoridad harto economizada hasta entonces. La dama se revistió, por tanto, de un aspecto grave y resignado desde la tarde de aquel dia en que se fijó el siguiente para la celebracion de los contratos; y observándolo D. Diego redobló sus atenciones y cariños, como para endulzar á su esposa el sacrificio que habia impuesto á su orgullo, y que parecia por fin magnánimamente aceptado.

Los dos pasaron la tarde en la alcoba de su hija, que aunque fatigada por las vivas emociones de aquel dia memorable, conti-

nuaba en buen estado, en apariencia al
menos, bien que á la llegada de la noche
se notase algun recargo en la ligera fiebre
que desde algunas horas antes habia vuelto á encenderse. El doctor repitió su visita en los momentos mismos en que hacia
renacer las inquietudes paternales aquella
pequeña alteracion, y ambos esposos se
apresuraron á informarle de ella, pregun-
tándole su dictamen. Tomó el facultativo
sucesivamente entrambas manos de la doliente, púlsándola con detencion, y se quedó pensativo.

—¿Qué decís? articuló impaciente el adelantado. ¿Está peor acaso?

—El pulso es duro é irregular, murmuró entre dientes el interrogado.

Dolores se incorporó asustada.

—Me siento bien, dijo con viveza: debo
tener un poco de calentura.... me duele
la cabeza; pero todo pasará: mañana estaré
buena.

El doctor la hizo acostar de nuevo, reco-
mendándola silencio y quietud, y no des-
arrugó el ceño que observaba temblando el
infeliz padre.

—¿Pensais que convendria repetir la sangría? dijo al oido de Yañez.

—No por ahora, respondió éste: yo permaneceré toda la noche cerca de esta señorita, y si la situacion se agrava, mañana pueden vuesas mercedes llamar otros facultativos de su confianza con quienes consultar.

El conde lo asió del brazo, y alejándolo algunos pasos del lecho de la enferma, tornó á preguntarle con mayor ansiedad:

—¿Está peor? decídmelo sin rodeos, señor Yañez. ¿Os parece peor que esta mañana?

El médico, visiblemente apenado con aquellas interrogaciones, se rascaba la cabeza y tosia, no acertando á serenarse; mas por fin respondió estas palabras que parecian salir trabajosamente de sus labios:

—¡La situacion es grave.... muy grave! pero no hay por qué desesperar, y yo ruego á vuesa merced que disimule sus inquietudes en presencia de la enferma. Es preciso que reine en torno suyo la mas completa tranquilidad.

D. Diego cayó desplomado en una silla, y el facultativo dispuso con aceleramiento una bebida que ordenó suministrar á la jóven de media en media hora, hasta su regreso.

Se despidió en seguida volviendo á recomendar silencio y calma alrededor de la doliente, y ofreciendo volver antes de las diez de la noche y permanecer todo el resto del dia.

Los dos esposos se miraron suspirando; mas Dolores, como si hubiese leido los graves temores que dejaba sembrados en sus corazones el receloso médico, y quisiera disiparlos, tornó á sentarse en la cama con aspecto despejado y diciendo con festivo tono:

—Me pesa la cabeza cual si tuviese sobre ella la enorme peluca del buen doctor Pero Yañez. Hacedme el favor, mi querida María, de recojerme los cabellos, y dadme despues un vaso de agua fresca.

La condesa se adelantó á la dueña para cumplir la indicacion de su hija, y la besó dos veces mientras sujetaba bajo una cofia de encajes las largas trenzas de su profusa cabellera. En seguida la sirvió por sí misma la tisana preparada por el médico, en vez del agua que habia pedido. Apuró el vaso Dolores, y sorprendida, y enternecida por aquellas leves señales de maternal solicitud, mezcló una lágrima con el líquido que bebia, y depositó despues un largo y ardiente beso en la mano que se lo presentara.

Cuando doña Beatriz colocaba sobre una mesa el cristal ya vacío, la jóven fijaba en ella sus hermosos ojos llenos de agradecimiento y de ternura, y acaso en aquel instante sentia remordimientos, recordando con dolor la enérgica negativa que habia opuesto aquel dia á los deseos de su madre. Acaso el afecto filial, reanimado entonces por las inesperadas muestras del materno cariño, ahogaba momentáneamente los votos del amor; y se preguntaba la jóven si no era un crímen en ella el sacrificar á su ventura el orgullo de aquella á quien debia la vida. Como quiera que fuese, la enferma, que se incorporara tan serena y festiva, se mostró de repente meditabunda y abatida; permaneció algunos minutos con la cabeza baja y los brazos cruzados sobre el pecho; luego ecshaló un hondo y lastimero suspiro, y se acostó por último sin hablar desde aquel instante, aunque visiblemente agitada durante la primera hora que pasó despues de aquella escena.

Sin embargo, el despejo y la calma que habia manifestado cuando acababa de espresar el médico tan graves inquietudes, produjeron en el conde vivísima impresion, comenzando á sospechar que tuviera razon su esposa al acusar á Yañez de haber ecsagerado desde el principio la gravedad de los accidentes. Quizás se proponia á dar importancia al mal para hacer valer mas la curacion: quizás aspiraba á aparecer los ojos del conde como salvador de su hija, porque iba á reclamar algun gran servicio, que solo podia prometerse de una gran gratitud.

Pensando en esto D. Diego, llamó á su muger á un estremo de la estancia, y sentándose junto á ella le comunicó sus dudas.

—Paréceme, amada Beatriz, la dijo con afectuoso acento, que no hay motivo para entrar en cuidado por cuanto indica el doctor: La niña indudablemente no se halla en peor estado del que aparecia esta mañana, y me persuado de que algo se propone Yañez aparentando recelos ecsagerados de que quiere hacernos partícipes.

La condesa se encogió de hombros y contestó sonriendo:

—Jamas he creido que ecsistiesen los peligros que quiso ver ese hombre: habia tenido antes una plática bastante larga con el sobrino de D. Alvaro, y esta circunstancia esplica suficientemente las manifestaciones que hizo anoche: mas confieso que no alcanzo el objeto que se propone en continuar afligiendo vuestro ánimo, despues de lo que ha obtenido.

Calló doña Beatriz, y D. Diego comenzó á pasearse agitado de un estremo al otro del aposento. Pensaba que era, en efecto, bastante verosímil que la sagrada promesa que habia pronunciado, hubiese sido arrancada premeditadamente al corazon paternal por las apariencias de un riesgo imaginario: casi se sentia avergonzado de la facilidad con que habia dado crédito á las ponderaciones del artificioso médico, y le pesaba haber acusado á su esposa de indiferencia hácia su hija, no comprendiendo que solo era mas sagaz y menos crédula que él, víctima sin sospecharlo siquiera de una cruel superchería. Mas aunque se agolpaban todos estos pensamientos en la mente del buen adelantado, mas tranquilo ya respecto á la vida de Dolores, no se le ocurrió siquiera la posibilidad de retirar su palabra ó buscar pretestos para eludirla. La condesa, que le seguia con los ojos, le vió volver á su lado triste, sí, y casi enojado; pero firme en llevar á cabo el empeño contraido.

—Es muy posible, dijo, que se me haya engañado: que no se temiese oprimir sin piedad mi corazon para que saliese de él un acto de flaqueza: pero, en fin, si no de la vida, de la felicidad de mi hija se trataba al menos: ama por desdicha al hombre indigno que ha empleado medios miserables para asegurarse su mano. ¡Hágala dichosa y lo perdono! Perdonadme vos, querida Beatriz, el haber tomado contra vuestro deseo y consejo una resolucion que confieso era merecedora de mas detenido ecsámen.

Nada respondió la condesa: suspiró y bajó la cabeza, como si pesase en ella una idea dolorosa. Un instante despues dijo á su esposo:

—¿Por qué no os recogeis y procurais descansar algunas horas? Habeis sufrido mucho, D. Diego, y me pareceis mas en-

fermo que la que es objeto de vuestras inquietudes.

  —Me siento mal, en efecto, contestó el
caballero, pero quiero aguardar el regreso
del doctor: quiero ver si nos dice todavía
que es muy alarmante la situacion de la
niña, y hacerle comprender que no son necesarios mezquinos y crueles artificios para obligarme á persistir en lo que tengo
ofrecido, ni para que contribuya en cuanto
alcance al logro de cualquiera otra mira
que pueda proponerse el buen Pero Yañez: de todos modos no deja de ser antiguo
conocido y un médico estudioso y hábil.

  —Teneis razon, fué todo lo que repuso doña Beatriz; y levantándose al mismo tiempo, se acercó de puntillas al lecho de la enferma y la observó algunos minutos con
afectuosa atencion.

  —¿Qué tal?.... la interrogó su marido,
aprocsimándose con iguales precauciones.

  —Duerme tranquilamente, dijo la condesa; mas la despertaremos, si os parece,
para que beba la medicina: ha pasado mas
de media hora desde la primera toma.

  Al oir estas palabras la dueña se dirigió
á la mesa para tomar el frasco que conte-

nia el líquido preparado por el médico, pero en el propio instante se abrió silenciosamente la puerta y apareció éste. Recibió-
lo D. Diego con semblante casi risueño, y
le dijo inmediatamente:

—Vuestra enferma acredita á mi entender la eficacia de vuestra receta, señor doctor: creo que quedareis satisfecho.

Callaba el facultativo ecsaminando con
gran cuidado el semblante de la doliente,
á la débil claridad de la única lámpara que
daba luz al aposento. Terminado su ecsámen, se dejó caer en una silla inmediata
sin proferir una palabra.

—¡Todavía! esclamó impaciente el adelantado: ¡todavía os mostrais desalentado!

—¡Todavía! respondió secamente el señor Yañez.

—Pero está mejor, dijo la condesa parti-
cipando al parecer del descontento que se
veia impreso en el semblante de su esposo.

—Está mas postrada, articuló el facultativo: por lo demas, no me parece que debemos temer por esta noche ningun suceso
desgraciado.

—¿Pero ecsiste realmente gravedad? dijo
con acento ya trémulo el conturbado padre.

El médico lo miró con asombro, pero procuró modificar la espresion de su fiso-sonomía, respondiendo con dulzura:

—Animo, señor conde: estoy muy léjos de aprobar temores ecsagerados. Vuesas mercedes pueden irse á descansar, que aun quedan, así lo espero, muchas noches para asistir á la enferma, y por hoy yo me en-cargo de velar á su lado.

Era tan violento en aquel instante el temblor que se habia apóderado de los miem-bros del conde, que hubo de apoyarse en los brazos del doctor, el cual lo sacó casi arrastrando de aquella triste estancia, y le condujo á su aposento ayudándolo doña Beatriz. Pusiéronlo en cama, no obstante su maquinal resistencia: y mientras Yañez le preparaba un vaso de vino aguado, su muger le decia al oido:

—¿Qué significa eso, D. Diego? ¿olvidais ya que le conviene á ese hombre ponderar los peligros? La niña no está tan mala co-mo intenta persuadirnos: estoy cierta. Ve-laré cerca de ella: os lo prometo: procurad calmaros; quedaos en cama: mas temo por vos, que por Dolores: teneis las manos he-ladas, y desencajadas las facciones.

—Es verdad, dijo el adelantado: no me siento capaz de escuchar otra vez las funestas palabras del doctor. Por mas que me parezcan ecsagerados sus temores, los participo á pesar mio, y solo consiento en tomar reposo algunos instantes, si ahora mismo mandais á llamar á otro facultativo, cuya opinion consultemos.

—¿Os parece bien que llame á mi hermano encargándole espresamente que traiga su médico consigo?

—Sí, hacedlo sin demora, y avisadme en cuanto llegue: mientras tanto procuraré recobrar mi entereza: dejadme solo.

Doña Beatriz salió en el momento en que el doctor Yañez servia á su esposo la anunciada bebida confortante. Bebióla el conde despidiendo tambien al médico, y encargándole que no se apartase mas de la cabecera de su hija. Pronto iré á acompañaros, añadió: la congoja va pasando.

Cuando quedó solo, se tendió en su lecho y desahogó su corazon con repetidos suspiros. Trabajaba por reanimar sus dudas respecto á la sinceridad del médico, pero no podia. Agitábale un presentimiento terrible de que el peligro de su hija era mas

inminente de lo que confesaba: el mismo
Yañez, y hallándose mas inquieto y mas
oprimido á cada minuto que pasaba, resol=
vió levantarse y volver cerca de Dolores,
para observarla por sí mismo. Resolviólo;
mas no pudo ejecutarlo. Estraño peso abru-
maba su cabeza; crispadores escalofrios re-
corrian sus entorpecidos miembros, y cono-
ció que no podria dar un paso sin bambo-
learse como un ebrio. Llamó entonces con
su campanilla, y acudió Isabel Perez.

—¿Cómo está mi hija? la preguntó con
una voz deinudada.

—Lo mismo al parecer, contestó ella. Un
paje ha ido á llamar al señor de Izcar y á
su facultativo: entre tanto el doctor Yañez
la ha dado segunda dósis de su medicamen=
to, y espera, segun dice, felices resultados.

—Quisiera levantarme, articuló penosa=
mente D. Diego, pero creo que me está comenzando una gran fiebre.

—Sosiéguese vuesa merced, replicó la
doncella; la señorita está bien asistida por
su madre, y ademas, velamos tambien Mari-García y yo.

—He padecido tanto desde ayer, volvió
á decir el conde, que nada tiene de estraño

el desconcierto que noto en mi cabeza y la postracion que me vuelve el cuerpo como si fuera de plomo.

—Descanse vuesa merced, repitió la criada: cubriré la luz para que no se desvele, y vendré á avisarle si ocurre novedad.

—¡Dormir! murmuraba el conde cuando salia de puntillas la doncella, despues de cubrir la luz como habia indicado. ¡Dormir yo en medio de tales zozobras!

Pero aunque le parecia imposible, cayó muy pronto en verdadera somnolencia, que si no le procuró completo reposo, entorpeció por lo menos la facultad del pensamiento. Esto no era estraordinario: el cuerpo obedece á las leyes de la naturaleza por mas que intente resistirlo el alma, y el conde no habia cerrado los párpados en toda la última noche.

Dos horas prócsimamente gozó el pobre caballero aquella imperfecta calma; mas salió de ella sobresaltado, pareciéndole que sentia idas y venidas por los vecinos corredores, y que llegaban hasta él confusas esclamaciones. Hizo entonces un esfuerzo violento y se lanzó del lecho, á que parecia clavado por el abatimiento de sus fuerzas.

Corrió instintivamente hácia la cámara de
su hija, atravesando oscuros aposentos con
el maravilloso acierto de un sonámbulo, y
al desembocar en los corredores se encontró á Isabel que iba á buscarle desaten-
tada.

—¿Qué sucede? esclamó con ronca voz
el desventurado padre.

—La señorita está muy mala.... ¡muy
mala! respondió sollozando la doncella, y
aun no han venido el señor de Izcar y su
facultativo.

El conde se lanzó, fuera de sí, hasta el
umbral de la estancia en que yacia Dolores, y se halló frente á frente del doctor
que iba á atravesarlo al mismo instante,
perdida toda la gravedad ridícula que era
el carácter de su fisonomía.

—¡Mi hija! gritó el caballero. ¡Doctor!
¿qué es de mi hija?

El médico por toda contestacion enlazó
con sus brazos el robusto talle de D. Diego, procurando alejarlo de aquella puerta
fatal. Pero recobró este por un momento sus gigantescas fuerzas, y arrastrando
á Yañez como si fuese una pluma, se pre-
cipitó dentro.

La condesa, profundamente pálida, estaba de pié delante del lecho de Dolores, y
la dueña Mari-García se inclinaba llorosa
sobre el cuerpo de la jóven, que tenia todas
las apariencias de un cadáver.

—¡Mi hija! tornó á gritar el conde dete-
niéndose estremecido ante aquel cuadro do-
loroso.

—¡Está muerta! respondió la condesa con
acento sordo, pero con pronunciacion clara.

—¡Muerta! fué todo lo que pudo articular el infeliz, y cayó en los brazos del doctor tan ecsámine como su hija.

Lo volvian en tal estado á su aposento,
cuando llegaron por fin el señor de Avellaneda y su médico. Instaló á este último el
doctor Yañez junto al lecho en que deposi-
tara al conde, y volvió presuroso á la cámara mortuoria, donde se hallaban solas doña Beatriz y su hermano. Mientras Mari-
García é Isabel Perez preparaban por su
órden las virginales galas con que la jóven
difunta debia, segun el uso, descender á la
tumba.

Nó desmayó el varonil ánimo de doña
Beatriz de Avellaneda en momentos tan
terribles. Ella vistió y adornó por sí mis-

ma aquellos restos queridos, sin consentir que la ayudasen en el desempeño de tan triste deber otras sirvientes que la dueña y su doncella favorita. Ella daba, de acuerdo con su hermano, órdenes precisas y terminantes sobre los funerales y el entierro del cadáver en la capilla de su familia, donde debia ser trasportado, y no se logró apartarla del funesto aposento hasta el instante en que declaró D. Juan que era preciso sacar de él los inanimados despojos de la malograda Dolores.

El señor de Avellaneda lo habia dispuesto todo con tan grande actividad, que las gentes de la plebe (únicas que comenzaban á circular por las calles de Valladolid á los primeros albores de la mañana), vieron atravesar por ellas el fúnebre convoy, cuando ignoraban todos todavía que aquellas frias reliquias que sacaban de la ciudad real, morada entonces de los placeres brillantes, era cuanto quedaba de una de las beldades mas perfectas que hacia su adorno dos dias antes.

Conducian el cadáver cuatro criados de luto en una camilla cubierta por ancho manto de raso blanco recamado de plata: á su

derecha iba á caballo D. Juan de Avellaneda, del mismo modo marchaba á su iz-
quierda un escudero de aquel, llamado Ro-
dríguez de Sepúlveda, y seguian ál féretro
ocho lacayos de la casa del conde, á los dos
lados de una litera que ocupaban el doctor
Pero Yañez, y la dueña Mari-García.

A la hora en que los rumores de aquel
infausto suceso cundian rápidamente por
la ciudad, y llegaban á oidos del infortuna-
do amante que esperaba firmar aquel dia
los contratos matrimoniales, el cuerpo de
Dolores se hallaba ya en la primer parada,
donde fueron despedidos como innecesarios
los domésticos del conde, porque desde allí
hasta el lugar del enterramiento debia llevarse el cadáver en un carro bastante á propósito para dicho objeto, aunque solo la casualidad parecia haberlo proporcionado.

. . . .
. . . .
. . . .

Escoltadas solamente por el señor de Izcar, su escudero, él médico y la dueña, conti-
nuaron su fúnebre camino los despojos de
la hermosa primogénita de los condes de

Castro–Xériz, arrebatada del mundo el mismo dia que estaba señalado para los pre-
liminares de su casamiento, cuyos padrinos eran los mismos soberanos de Castilla, y testigo toda la nobleza de aquel
reino, segun tienen ya conocimiento nuestros benévolos lectores.

CAPITULO VII.

SEIS AÑOS DESPUES.

EL castillo de Castro-Xeriz, en que fundaba su título D. Diego Gomez de Sandoval, adelantado de Castilla, no era de las innumerables moradas feudales de que sembró la edad media el suelo de la Europa: su arquitectura indicaba á primera vista una obra de los romanos, y los restos que aun subsisten prueban la gran solidez de construccion que caracteriza á los edificios del mencionado orígen. En aquella imponente fortaleza tuvo Julio César, segun aseguran algunos, un punto de apoyo cuando la guerra contra los vándalos; segun otros, fué la defensa que ex-profeso se formó aquel grande hombre en sus luchas con Pompeyo. Lo que se sabe con mas certeza es que en ella gimieron, víctimas del rigor de D. Pedro Castilla, dos desventuradas princesas *, y que en épocas posteriores sirvió algunas veces de teatro á magníficas fiestas de poderosos magnates, porque situada á siete leguas de Burgos, y dominando la antigua villa, cuyo nombre tomó, pareció digno punto de reunion á los nobles de aquella comarca, que debian á su valimiento la honra de preparar allí suntuosas cacerías y espléndidos banquetes. Los villanos del contorno conservaban por largo tiempo los recuerdos de aquéllos regocijos, por la liberalidad que solian usar sus señores en tales ocasiones, y por las inequívocas muestras que dejaban por lo comun de la irresistible fuerza de sus galantes caprichos.

Pero en 1431, que es la época de que va-

---

*. Doña Leonor, madre del infante D. Juan de Aragon, y doña Isabel Nuñez de Lara, esposa del mismo.

mos á hablar, hacia seis años que no alteraba nada la magestuosa calma del soberbio castillo, residencia habitual de la noble señora doña Beatriz de Avellaneda, esposa dignísima del primer conde de Castro.

Desde que el cielo le arrebató su hija, se habia hecho insoportable para aquella dama la tumultuosa vida de la corte, y pocos dias despues del triste suceso á que hemos aludido, se la vió sepultar su interminable dolor entre los espesos muros de aquel vasto edificio, que no abandonó desde entonces por más que se empeñaron en arrancarla de su soledad los deudos y amigos á quienes apenaba justamente tan prolongado retiro. Profundo era el aislamiento en que vivia allí la desdichada madre: no admitia visitas; no conservaba de su numerosa servidumbre sino á la dueña Mari—García y á la doncella Isabel Perez, y rarísima vez alcanzaba el alcaide de la fortaleza la alta honra de presentar sus respetos á la afligida señora, que ni aun á su capellan recibia en las habitaciones que ocupaba, limitándose á oir la misa, que hacia celebrar los dias de fiesta en su capilla particular, desde una elevada tribuna cerrada por espesas rejas.

Las circunstancias de ser el capellan lejano deudo suyo, y el alcaide un servidor antiguo de su casa, no eran parte á que depusiera la condesa su sistema de absoluta reserva. El ministro de los altares se resignaba á ella, y Rodriguez de Sepúlveda (que era el alcaide mencionado), no parecia admirado por los mas singulares caprichos de aquella ilustre hembra, á cuya familia habia consagrado su vida desde los años mas tiernos, sirviendo largo tiempo de escudero á D. Juan de Avellaneda, por recomendacion del cual alcanzara mas tarde el honroso cargo que en 1431 desempeñaba lealmente.

El mismo conde de Castro y los hijos que le eran tan amados, se hallaban incluidos en la general proscripcion. Doña Beatriz habia declarado que todos, sin escepcion, debian respetar su retiro, hasta que atenuado su dolor se hallase capaz de volver á la sociedad de las personas queridas; y aunque seis años trascurridos no hubiesen causado en el espíritu de la dama modificacion alguna, el complaciente y respetuoso marido se sometia todavía al rígido decreto de una separacion indefinida, contentándose con escribir largas y cariñosas cartas en que agotaba su elocuencia para persuadir á su esposa de la necesidad de que se terminase pronto tan dolorosa ausencia.

Doña Beatriz, empero, no cedia jamas: su sombría y taciturna tristeza se esquivaba del influjo poderoso del tiempo, cobrando cada dia mas grave y adusto aspecto; mas no era por cierto estraordinaria aquella especie de misantropía en una pobre muger que en solos seis años habia perdido sucesivamente una hija adorada en la aurora de la juventud; un hermano querido, en toda la fuerza y lozanía de la edad, y un sobrino lleno de porvenir y esperanzas, citado ya en lo mas florido de su vida como ejemplo singular de caballerescas virtudes.

D. Juan de Avellaneda y Gutierre de Sandoval habian sobrevivido poco tiempo á la malograda Dolores. Murió el uno casi de repente en los dias en que se regocijaba con la halagüeña esperanza de ser en breve padre, y el otro sucumbió en un torneo, á manos de D. Alvaro de Luna, condestable de Castilla. Circunstancia era esa que parecia creada ex–profeso para mas atizar el recíproco aborrecimiento que, sin causa aparente hasta entonces, dividia ya á los condes de Castro y á los de Santisteban desde el funesto suceso que desbarató tan inopinadamente el enlace convenido entre aquellas dos casas poderosas.

D. Alvaro, aunque se mostró apenado, cual era natural, por aquella gran desgracia, cobró desde entonces manifiesta aversion á la infeliz familia á quien mas directamente lastimaba, ya fuesen aquellas disposiciones un caprichoso efecto de su disgusto al verse contrariado por la suerte en uno de sus mas declarados deseos; ya ocultase en el fondo de su alma alguna horrible sospecha que no quiso nunca comunicar con nadie. Como quiera que fuese, no eran indispensables secretos motivos para esplicar la ojeriza del condestable contra el adelantado, y la esacta correspondencia que no tardó en encontrar; pues bastante causa se juzgaba la respectiva posicion de aquellos magnates y el estado de las cosas en aquellos tiempos de parcialidades y revueltas.

El uno de ellos continuaba ejerciendo esclusivo dominio en la voluntad del rey; el otro estaba unido estrechamente á D.

Juan de Aragon, ya rey de Navarra, que era entonces la principal cabeza del bando descontento, empeñado en hundir la escandalosa privanza del condestable.

Aquella facción poderosa que ponia espanto á D. Juan II, pero que no alcanzaba á disminuir su ciega deferencia por D. Alvaro, ni la arrogancia de éste, habia logrado atraer á sus intereses al monarca aragonés D. Alonso V, y se jactaba con razon de contar en sus filas á los mas ilustres magnates castellanos.

Vencida una vez la potestad real, se habia visto obligado el soberbio valido á dejar por algun tiempo la corte; mas su breve destierro solo sirvió para proporcionarle nueva ocasion de triunfo, porque las disidencias y rivalidades que inmediatamente sobrevinieron entre sus ambiciosos adversarios, ansioso de heredar cada cual esclusivamente el favor de que querian desposeerle, contribuyéron en poco á facilitar al soberano la vuelta de su favorito, que ausente como presente continuaba siendo constante y único objeto de su cariño y confianza. El mismo rey de Navarra, el mayor y mas temible enemigo de D. Alvaro, coopé-

ró entonces, segun pública voz, á su regreso á la corte; ya fuese en venganza de los
que osaban disputarle el derecho de susti-
tuirle en el ánimo de D. Juan II, ya que
desconfiando de lograrlo, quisiese ganarse
por aquel medio el afecto y la gratitud del
rey de Castilla y su privado. El resultado, empero, no correspondió á sus esperanzas, si tales concibió, pues restituido el condestable á su antiguo poderío, se cuidó poco de los buenos oficios del nuevo rey de
Navarra, obligándole, mal su grado, á marcharse á sus Estados y á no mezclarse en
cosas de los agenos. Igualmente hizo alejar de su augusto favorecedor á cuantos
personajes se habian mostrado contrarios,
ó siquiera indiferentes á sus intereses particulares, haciéndose entonces, mas que
nunca, ostensible su orgullo y absoluta su
autoridad.

El vengativo D. Juan tornó, como era
consiguiente, á encenderse en saña contra
aquel altanero advenedizo, y no tardaron
en declararse abiertamente las hostilidades
de Navarra y Aragon contra Castilla, que
encerraba en su propio seno no pocos enemigos de la misma causa que debia defen-

der. Era uno de estos D. Diego Gomez
de Sandoval, que á fuer de ardiente enemigo del monarca navarro, necesitó sin duda toda su lealtad de súbdito del castellano, para limitarse á una aparente neutrali-
dad, que no siempre supo conservar, y que
nunca le pareció sincera al suspicaz condestable.

No entra por cierto en nuestro plan el
trazar en este corto episodio del revuelto
reinado de D. Juan II, un cuadro esacto de
aquellas luchas escandalosas que llegaron
á encender la guerra entre tres Estados de
la Península española, cuyos reyes estaban
enlazados por estrechos y respetables vínculos: solo diremos lo que á nuestro objeto
conviene, y es que D. Diego Gomez de
Sandoval perdió la gracia de su rey y fué
considerado por D. Alvaro de Luna como uno de sus mas irreconciliables enemigos.

En el año de que hablamos al comienzo
de este capítulo, una tregua que varios sucesos hicieron indispensable, suspendió fe-
lizmente las hostilidades entre los tres reinos; pero el conde de Castro no se habia
resuelto, sin embargo, á presentarse en la

corte, continuando retirado en una de sus
villas, y únicamente ocupado, como ya diji-
mos, en escribir largas cartas á su dolorida
consorte, en solicitud de una reunion que
todavía retardaba la adusta y misantrópica
amargura de aquella muger estraordinaria.
El tiempo, que habia atenuado con su irresistible poder la desolacion del padre, parecia impotente contra la tétrica tristeza del
alma de la madre, aunque entre aquellos
dos individuos no fuese el mas tierno y
apasionado el que aparecia entonces mas
constantemente sensible.

Algunas semanas habian pasado sin que
la castellana de Castro-Xériz recibiese mi-
sivas de su esposo, y ya comenzaba á in-
quietarla tan desusado silencio, cuando un
dia se vió turbada de pronto la silenciosa calma de su retiro con la imprevista llegada de aquel personaje. Tan agena se hallaba la condesa de imaginar como posible
semejante infraccion de sus severas órdenes, que el adelantado se instaló en el castillo antes de que se repusiera la que lo ha-
bitaba de su muda y estremada sorpresa,
que parecia mezclarse con alguna turbacion. El conde, siempre cortés y sumiso

con la que era objeto de su invariable ternura, se apresuró á calmarla.

—Perdonadme, Beatriz mia, la dijo cuando se vieron solos: os he desobedecido y leo
en vuestro semblante que dais harta gravedad á mi disculpable falta; mas espero des-
enojaros completamente al haceros saber
las poderosas razones que me han obligado
á venir sin vuestro permiso.

—D. Diego, contestó la dama con visible alteracion en el acento vibrante de su
imperiosa voz: cualesquiera que sean las
causas que os hayan traido, creo que no
prolongareis vuestra permanencia en esto
vasto sepulcro en que os he rogado me dejeis sumida con mi perpetuo dolor. Os debeis á vuestra patria, á vuestra familia, cuyo honor, nunca mancillado, os toca abri-
llantar con nuevos timbres; pero yo nada
tengo que hacer en el mundo, y solo ambi-
ciono y os pido la soledad y el descanso.

—Los tendreis, mi querida Beatriz, repuso el conde; pero no podeis ya buscarlos
en estos sitios. Es absolutamente preciso
que abandonemos á Castro-Xériz esta misma noche: nb ecsiste seguridad para nosotros
cerca del rey de Castilla. Estoy en completa

desgracia, y no hay tiempo que perder si hemos de ponernos á cubierto de los golpes de su enojo, que atiza asaz diligente el conde de Santisteban.

—¡El conde de Santisteban! esclamó la condesa: ¡siempre ese hombre! ¡Y bien! añadió despues de un minuto de pausa: ¿qué queja tiene de vos el condestable de Castilla? ¿No estuvísteis pronto á enlazar con la suya vuestra estirpe? ¿No os echásteis, por satisfacer su ambiciosa vanidad, aquel borron que hubiera sido público y eterno, si la muerte no interpusiera para impedirlo su riguroso decreto?

—En nombre del cielo, dijo el conde, no mencioneis sucesos que son harto dolorosos para ambos. ¡Pluguiese á Dios que á precio de la flaqueza que me echais en cara, se hubiese podido rescatar la preciosa ecsistencia que al acabar se llevó consigo toda la felicidad de la mia!

Calló un instante para sobreponerse á su emocion, y luego prosiguió:

—D. Alvaro de Luna jamas tuvo en mí un partidario, ni pudo esperarlo su demencia; mas parece que el infausto acontecimiento á que habeis aludido, encendió mas nuestros odios recíprocos, y en cuanto á él, pudiera presumirse al observar su declarada saña, que quiere vengarse en mí de la Providencia que desbarató sus planes. Durante la guerra con Aragon y Navarra he puesto en práctica cuanta prudencia era posible en mi comprometida posicion; pero no obstante, el condestable de Castilla me infama en la corte acusándome de rebelde, y el rey D. Juan II me arma lazos para perderme. Con pretesto de consultarme sobre el pensamiento que tiene de declarar guerra á los moros de Granada, háme enviado á llamar por dos veces; y cartas que he recibido al mismo tiempo, de personas que me son afectas, me han advertido que se está tramando mi ruina, y que si me presento en la corte seré preso inmediatamente.

—No debeis presentaros, contestó con resolucion doña Beatriz. Marchaos á Navarra y dejadme el cuidado de justificaros. Haré el sacrificio de abandonar mi retiro: iré á la corte: hablaré al rey.

—Nada lograríais con ello, mi buena esposa, replicó tristemente Sandoval. El rey no tiene oidos sino para D. Alvaro de Luna, y apenas sea conocida mi ausencia de Castilla se aprovechará ese pretesto para encausarme y despojarme de mis fortalezas. En esta persuasion no puedo consentir en dejaros sola, espuesta á los insultos de un bando furioso, y á las injusticias de un príncipe, ciego instrumento suyo.

Doña Beatriz se turbó visiblemente con esta insistencia de su esposo, y casi consternada esclamó:

—Pero yo no puedo ir con vos.... no puedo absolutamente.

—¿Cuál es, pues, el obstáculo que hallais? dijo el conde sorprendido. Esplicaos, Beatriz, porque comienzo á encontrar sobrado misteriosa y singular la conducta que observais conmigo.

La condesa, mas y mas desconcertada, articuló balbutiente algunas frases sin sentido, y creciendo á medida de aquel embarazo manifestó el descontento y la estrañeza del conde, iba á espresarlos sin duda en términos amargos, cuando se hizo percibir leve rumor de cercanas pisadas, y casi instantáneamente el de una puerta que se abria con precaucion á espaldas de la condesa. Volvió ésta la cabeza con nu estremecimiento involuntario, pintándose en su rostro indescribible susto, de tal modo, que llamando la atencion de su marido, siguió maquinalmente con los suyos la direccion de sus ojos. Mas solo vió á Isabel Perez, que asomándose por la puerta entreabierta, dirigia á su señora un gesto significativo, que tuvo, segun todas las apariencias, el poder de calmar su inesplicable zozobra; pues áunque al momento desapareció la doncella sin proferir palabra, la condesa se encaró á su marido con aspecto mucho mas tranquilo y afectuoso, diciéndole al mismo tiempo:

—Creo conveniente á vuestros intereses que yo permanezca en Castilla algunos dias mas, y os empeño mi palabra de seguiros muy pronto, si no consigo justificaros con el rey. Partid vos con nuestros hijos, D. Diego; poned en seguridad vuestra persona: mas antes descansad algunas horas cerca de vuestra esposa, y aceptad de su mano un corto refrigerio.

El conde, pasmado de cuanto observaba desde su llegada al castillo, guardó un instante silencio, y rompiéndolo bruscamente en el momento en que se levantaba su mu-

ger para ir á dar las disposiciones necesa-
sarias al obsequio con que le habia brinda-
do, esclamó con amargura:

—¿Estais, pues, determinada á no acce-
der? ¿Persistís en quedaros, despues de
haberos asegurado que vuestra intercesion
no tendrá ningun favorable écsito?

—Os he prometido reunirme á vos en
cualquier parte en que os halleis, respondió
la condesa, pero no saldré del castillo sin
haber intentado el defenderos, confundien-
do á nuestros enemigos.

—¿Y si yo os prohibo tan inútil como
peligrosa defensa? replicó enojado el conde:
¿si yo os mando acompañarme, terminando
de una vez la caprichosa separacion á que
me teneis condenado hace seis años?

—No os juzgo capaz de emplear la fuerza para arrancarme de este asilo, dijo doña
Beatriz sin alterarse, y solo por medio de
ella podríais conseguirlo.

El conde, despechado, detuvo á su muger, que iba á dejar la estancia, y pronunció
entre triste y colérico:

—Pues bien, quedaos en buen hora y
continuad á vuestro placer la estraña conducta que os habeis propuesto. Parto in-

mediatamente para alcanzar á mis hijos,
que me llevan dos horas de ventaja, pues
quiero que entremos juntos en Nájera, que
es el punto á donde por de pronto me enca-
mino. Recibid mi despedida, Beatriz, y
por si no volvemos á vernos, sabed que os
perdono cuanto sufrir me haceis, y que os
agradezco siempre los dias venturosos que
en otro tiempo me dísteis.

Hizo una reverencia á la dama conclu-
yendo esta frase, y tornando á ceñirse su
espada salió precipitado del aposento.

Resuelto estaba á abandonar el castillo
sin mas demora, y con tal intencion atra-
vesaba aceleradamente una de las galerías,
llamando á grandes voces al alcaide para
comunicarle sus órdenes, cuando le salió
al encuentro la dueña Mari-García, á la
que no habia vuelto á ver desde la muerte
de Dolores. Tan flaca y cadavérica se encontraba despues de aquella época la desgraciada vieja, que apenas pudo reconocerla el conde. Ella debió observarlo, y se
apresuró á decirle:

—Soy Mari-García, señor D. Diego; ó
mejor diré, soy un lastimoso resto de ella,
que está reclamando el sepulcro. Dios sir

embargo, en su infinita piedad, no ha querido apagar la última chispa de vida que queda en este cuerpo ruinoso, sin concederme antes el consuelo de ver á vuesa merced y pedir de rodillas su perdon:

—¡Mi perdon! esclamó el conde: ¿pues en qué me habeis ofendido, pobre anciana?

—Yo os lo diré todo, pronunció María echando en derredor una mirada recelosa: ¡todo! ¡Pero estoy temblando de miedo: me espian, señor.... me temen! La condesa me mataria si me viese hablando con vuesa merced. En nombre del cielo no dejeis este castillo sin darme tiempo á que os revele el cruel secreto que atormenta mi alma. Os interesa en sumo grado conocerlo.

—¡Un secreto! repitió el adelantado temblándole ya los labios: ¡un secreto de mi muger!

—Oigo pasos: dijo la vieja con estrema zozobra: huyo.... huyo de aquí, señor! pero no olvideis lo que os he dicho: no me dejeis morir con un atroz secreto encerrado en el alma.

Apenas dijo esto, huyó la vieja como lo habia indicado, dejando atónito á D. Diego, y casi al mismo instante entró por otro lado la condesa, que seguia á su marido, apenada sin duda por la manera fria y amarga con que terminaran aquella entrevista, despues de seis años de separacion dolorosa.

—¿No os detendreis siquiera algunos minutos para tomar un refrigerio? dijo cariñosamente á su esposo.

—Sí; contestó el conde todo inmutado; sí, descansaré un rato.... debo hacerlo, pues lo quereis. Mandad que me dispongan un lecho, lejos de vuestro aposento.::... para no molestaros. Necesito dormir un poco.

—Antes, espero que me hareis en la mesa compañía, tornó á decir la dama.

—Despues.... despues de que repose algunos instantes, replicó D. Diego tartamudeando. Ahora estoy quebrantado me siento malo.

El semblante demudado del conde daba tan evidentes muestras de la verdad de lo que decia, que doña Beatriz, atribuyéndolo todo al disgusto y euojo que le habia causado negándose á seguirle en su fuga, redobló las demostraciones de cariño, y le condujo por sí misma á la pieza de aquel departamento del castillo en donde se le dispuso la cama.

Sirvióle en seguida por su própia mano un vaso de vino con panetelas, y encargándole que se acostase y procurase dormir, lo dejó solo.

Ya comprenderá el lector cuán imposible era que gozase D. Diego del reposo que fingia anhelar y que le deseaba su esposa.

Las misteriosas palabras de la dueña escitaban en su corazon sentimientos que le eran desconocidos hasta entonces.

La virtud de doña Beatriz y la confianza en ella que habia sabido inspirarle, le preservaron constantemente hasta del menor asomo de zelos; mas de improviso, y á pesar de sus propias convicciones, asaltaba aquella pasion tirana el descuidado pecho del adelantado, causándole tan gran perturbacion y tan violenta ansiedad, que llegó á imaginar imposible el soportarla sin morir.

Apenas se encontró solo, comenzó á recorrer á largos pasos la espaciosa estancia en que se hallaba, revolviendo entre sí mil confusas ideas á cual mas disparatadas, y con tales gestos de dolor y rabia, que lo hubiera tomado por demente cualquiera que le hubiese visto durante aquellos momentos de indescribile agitacion.

Parábase, empero, de vez en cuando, y prestaba silenciosamente el oido al mas leve rumor que imaginaba percibir, esperando que la dueña viniese á buscarle para darle la esplicacion de sus singulares anuncios; mas cuando pasó media hora sin que nadie apareciese á disipar ó á confirmar sus recelos, no pudo contener mas su dolorosa impaciencia, y abriendo de súbito la puerta, se lanzó fuera del aposento y comenzó á andar sin saber á dónde, pero animado con la esperanza de encontrar á María, que acaso estaria acechando la ocasion de hablarle.

Desiertas estaban las varias piezas que recorrió en un momento; parecia que todos los moradores de aquella parte del señorial edificio se habian hecho invisibles, y el conde, cuya anhelante impaciencia iba creciendo de punto, á medida que se prolongaba, se decidia ya á llamar á la dueña en altas voces rompiendo toda clase de miramientos, cuando pasando cerca de una puerta que se encontraba cerrada, le pareció que oia hablar detras de ella, y prestando mayor atencion, no le quedó duda de que habia gentes en aquella cámara.

Aplicó el oido con profundo silencio, y pudo distinguir las siguientes palabras que parecian pronunciadas de intento para llevar al último estremo los penosos sentimientos que atormentaban su alma.

CAPITULO VIII.

LA REVELACION Y LA PARTIDA.

Os he repetido cien veces, María (pronunciaba en voz baja Isabel Perez,) que no os moveréis de ese sitio: os resististeis á subir á la torre; me amenazásteis con que gritaríais si os obligaba; ahora es preciso que os resigneis á no apartaros de mí, porque estais loca y no conviene que charleis con nadie.

—¿Estoy loca? ¿decís que estoy loca? respondió la dueña con sordo acento: ¡mentís! ¡bien sabeis que mentís! Pero por lo mismo que tengo, gracias á Dios, toda mi razon y mi memoria, es por lo que no quereis que pueda hablar con el conde. La condesa y vos sospechais de mí: temeis que revele un secreto que conoceis debe pesar mucho sobre la conciencia de una pobre moribunda, y queríais encerrarme á mí tambien en la torre, y os proponeis despues tenerme aquí como enclavada, para quitarme los medios de descubrir el crímen... para que muera cargada con tan horrible fardo!

—¡Callad, desdichada! dijo la doncella con tono cauteloso. Cuanto estais hablando justifica el concepto en que os tenemos. Sí, sois capaz de cualquiera infamia.

—¿A qué llamais infamia? replicó colérica la vieja. Aun cuando yo lo dijese todo, ¿haria mas que cumplir un deber de conciencia? Vos sí que sois infame y endurecida pecadora: vos que no sentís remordimientos al ver á ese infeliz caballero de cuyo pan comeis, y á quien están engañando.

—¡María! ¡María! repuso Isabel alterada: os he dicho que calleis, y de no hacerlo os pondré una mordaza. ¡Habeis perdido el juicio? ¡Así os atreveis á hablar? ¡Desgraciada de vos, si cansada de vuestras locuras, hago saber á la condesa las palabras que acabais de articular en mi presencia!

—Me mataria... ya lo sé, dijo María, cuyo terror al oir aquella amenaza se descubria en el temblor de su voz. Pero yo no he dicho que divulgaré el secreto; yo no he dicho nada: vos sois la que me estais incitando con vuestras desconfianzas: ¿os parece justo que me tengais prisionera, á mí, pobre vieja enferma, solo porque se os ha antojado sospechar de mí lo que llamais una infamia? ¿Qué he hecho para que la condesa os dé sobre mí autoridad y señorío? ¿Le habeis servido mejor que yo? ¿No he sido como vos su cómplice? ¿No es por ella por quien sufro los atroces tormentos de una conciencia acusadora?

—Si añadís un acento mas, os juro por el cielo, esclamó resuelta la doncella, que os pongo ahora mismo la mordaza con que os he amenazado.

—¡Callaré!... ¡callaré!... respondió María con un tono tan amedrentado y sumiso, que formaba contraste con el áspero sonido de su varonil voz; mas en el mismo instante se abrió la puerta con estrépito, al irresistible impulso del hercúleo brazo de D. Diego, y apareció este tan de improviso entre aquellas dos mugeres, que ambas prorrumpieron en un grito igual de sorpresa y espanto.

—¡A.tí, miserable! dijo con tremendo acento el caballero, encarándose á Isabel: á tí sí que te será sellado el labio para siempre, si osas moverlo una sola vez sin mi mandato.

Pero la prevencion era innecesaria: la doncella se habia desmayado, y yacia en tierra sin sentido. María, recobrada de su primer susto, corrió á postrarse á las plantas de su amo, y tan grande era en aquellos instantes horribles la agitacion y ansiedad de este, que, sin acertar á preguntar cosa alguna, pálido, convulso y azorado, clavaba en la vieja sus delirantes miradas con espresion casi temerosa.

—¡Señor! dijo María despues de besarle los piés con humilde rendimiento. ¡Defendedme! No permitais que me quiten este resto de vida que me conserva el cielo para vuestro bien; para que os saque de un engaño cruelísimo, y os revele la gran maldad cometida en vuestra casa.

—¡Habla! fué todo lo que pudo articular el caballero. La dueña prosiguió:

—Seis años hace que pesa sobre mi alma este atormentador secreto, y mas de dos que

al remordimiento mas amargo se asocia la
enfermedad que me ha enviado el cielo para castigar mi culpa. Conociendo mi próc-
simo fin, y anhelando reparar aquella en
cuanto posible sea, hasta habia pensado en
huir del castillo para buscaros y contároslo
todo: la postracion de mis fuerzas no me lo
ha permitido, mas Dios se digna traeros tan
inesperadamente, para que mi buena intencion no quede sin cumplimiento.

—¡Habla! volvió á esclamar el conde, sin
poder añadir ni una palabra mas.

—Sí, señor, hablaré, continuó la dueña:
suceda lo que sucediere, debo hablar ahora:
pero sabed que la condesa me hace espiar;
que desconfia de mí; que acaso se presente
aquí cuando menos pensemos.... (y al decir
esto la pobre vieja arrojaba en torno miradas llenas de espanto.)

—¡Habla, vive Dios! gritó de nuevo D.
Diego, con tan terrible acento esta vez,
que María se quedó por un momento ater-
rada. Luego, notando que se aumentaba
con su silencio la angustiosa impaciencia
de su amo, dijo por último, recogiendo sus
fuerzas que parecian prócsimas á abando-
narla:

—Señor, vuestra esposa os ha engañado

cruelmente, y la malvada Isabel y yo hemos sido sus cómplices.

—¡Beatriz! ¡Beatriz me ha engañado! prorrumpió el conde con tal acento que apenas parecia humano.

—¿No habeis reflecsionado nunca, dijo la vieja, en las estrañas circunstancias que acompañaron á la muerte de vuestra infeliz hija? ¿No os ha llamado la atencion que tán pronto arrancasen de vuestra casa aquellos restos que debian seros queridos? ¿Nada os hizo sospechar una desgracia tan de improviso acaecida, y que era lo único que podia desbaratar un casamiento determinado por el rey, aprobado por vos y aborrecido por la condesa? Respondedme ¡señor! ¿no habeis tenido ningun recelo del crímen de que érais víctima?

Al escuchar estas estrañísimas palabras, todas las ideas del conde quedaron trastornadas de repente, y el nuevo ó impensado giro que se daba á sus sospechas les prestaba un carácter aun mas grave y terrible del que hasta aquel instante tuvieran.

—¡Desventurada! esclamó, herizándosele el cabello á pesar suyo: ¿qué acusacion intentas pronunciar? ¿qué horroroso delirio es el que vas á comunicarme?

—No es delirio, señor, respondió sollozando la anciana: no estoy loca como decia Isabel: no; conservo por permision divina toda la entereza de mi razon, aunque arruinadas ya mis facultades físicas. Lo que os diré será la pura verdad. ¡Ah, bien pudísteis sospecharla! ¿No conocíais que el dector Yañez era un hipócrita avariento y ambicioso, capaz de vender su propia alma? ¿No sabíais que D. Juan de Avellaneda aborrecia de muerte al condestable y á su familia; qué miraba como un oprobio el enlace que debia verificarse, y que en su corazon de acero no hallaban entrada otros sentimientos que los del honor y del orgullo? ¿No os pareció estraordinaria la resignacion de la condesa, despues de haberos declarado que preferia ver muerta á su hija, á verla casada con D. Rodrigo de Luna? ¿Nada os ha dicho tampoco su aparente inconsolable dolor, y los seis años de aislamiento que lleva pasados en este castillo?

—¡Calla, monstruo! ¡calla! gritó el conde aterrorizado. ¡El demonio sin duda te ha sugerido la espantosa idea de que puede una madre asesinar á su hija.

—¡Asesinarla! dijo la vieja: no; yo no he

dicho eso: pero el crímen no es menos cruel: ¿de qué le sirve la vida á la desgraciada niña? Sepultada en estos muros hace seis años; muerta para el mundo, para el amante que adora, para el padre que ama, ¿deberá agradecer mucho á su inhumana madre una vida sin goces, ignorada de todos sus semejantes? ¿No es cien veces mas infeliz que si descansara en el sepulcro?

El conde se pasó las manos por los ojos: le parecia que soñaba; que no era cierto nada de cuanto imaginaba estar oyendo. ¡Su hija viva! ¡Su hija allí, cerca de él, sumida por su propia madre en aquel sombrío encierro! Eran tan inauditos aquellos sucesos, que no podia aceptarlos como verdaderos, y se confirmó en que estaba loca la reveladora de tan estraño secreto. Esta, empero, prosiguió diciendo con mayor eficacia todavía:

—¡Oh, sí! mas digna de compasion es viviendo, que si la hubieran arrancado de una vez de esta tierra que no la merecia. ¡Es un ángel, señor! ¡Si supiérais cuánto ha llorado, cuánto ha padecido! Durante el primer año de su supuesta muerte, la han tenido constantemente encerrada en una de

las torres del castillo, sin que nadie mas
que Isabel y yo tuviésemos entrada en aquella cárcel. Luego su resignacion y pacien-
cia inspiraron á la condesa sentimientos
mas benignos, y consintió en visitar con
frecuencia á la pobre víctima, haciendo
cuanto creyó oportuno para dulcificar su
suerte. Por último, al cabo de dos años,
habiéndole jurado solemnemente Dolores
que no haria la menor tentativa para descubrir á nadie su ecsistencia, y que se reca-
taria escrupulosamente de todos los que ha-
bitan el castillo, (escepto el alcaide, que es
sabedor de todo) consintió su madre en sa-
carla de la torre, permitiéndola vivir á su
lado en esta parte del edificio que se ha re-
servado. Desde entonces la angelical criatura se muestra casi contenta, aunque llora
todavía siempre que pronuncia vuestro nombre, y se lastima del pesar que sentireis por
su supuesta muerte. Entregada á sus ejer-
cicios religiosos, y sin mas distraccion que
cuidar de unos pajarillos que alimenta por
su mano, y de dos tiestos de flores que ella
misma ha sembrado, ve pasar resignada año
tras año, sin ecshalar la menor queja, siempre respetuosa y tierna con aquella cuyo

10

«fatal orgullo la ha condenado á tan misera ecsistencia. ¡No hubiera sido menos malo, decidme, señor, que en vez de darle el vil médico el licor que le causó aquel profundísimo sueño con que os engañeron, y del cual no salió la desgraciada, treinta horas despues, sino para verse sepultada en perpétuo cautiverio; no hubiera sido menos malo, repito, que la hiciera dormir eternamente en este mundo de maldades, para que su alma pura estuviese ya en los cielos entre los ángeles á quienes se asemeja? ¡Pobre, pobre niña! añadió sollozando la arrepentida dueña: ¡tan hermosa, tan inocente, tan buena, y enterrada por la misma que le dió la ecsistencia!

«Hablaba con demasiado acuerdo y daba sobrados pormenores de los estraordinarios hechos que referia, para que pudiese el conde reputárla loca: mas como si aun quisiera el cielo confirmar todavía mas la verdad de sus palabras, Isabel, que habia vuelto en sí cuando se terminaban las estrañas revelaciones, acudió á los piés del conde implorando su perdon, y ratificándolas con las mismas razones que para defenderse alegaba.

Ninguna duda era posible ya. D. Diego, cuyos afectos en semejantes momentos no nos es dado describir, solo acertaba á esclamar:

—¡Mi hija! ¡mi hija! ¿dónde está mi hija?

—A vuestra llegada no la dividia del sitio en que visteis á la condesa sino una pared que queria traspasar con sus ansiosas miradas la desgraciada niña, le contestó la dueña: despues esta, perversa muger, que os pide compasion y os presenta disculpas, la encerró en la torre, por mas que con mudas lágrimas rogaba la pacientísima víctima que la permitieran veros y oiros, y que la fé de su juramento debiera quitar todo recelo, porque la santa criatura jamas la hubiera quebrantado.

—Aquí están las llaves de la torre, articuló débilmente: en la segunda de este lado del edificio es donde se encuentra la señorita.

El conde tomó el manojo de llaves con manos trémulas, y salió como loco, sin cesar de esclamar:

—¡Mi hija! ¡mi hija!

Mas apenas hubo traspasado los umbrales de la puerta, se encontró frente á frente con la condesa.

Palidísimo estaba su semblante como en el primer momento en que la vió D. Diego custodiando el ecsánime cuerpo de Dolores, y con el mismo acento profundo con que entonces la oyó decir: ¡está muerta! la escuchó esclamar ahora: ¡está viva!—¡Está viva y con honra! repitió la estraordinaria muger por dos veces, cruzados entrambos brazos sobre su hermoso pecho, y revestida toda su persona de una magestad semi-bárbara.

—Vos me obligásteis, añadió, á emplear un medio violento, horrible para el corazon de una madre; pero nunca falta el valor en las hembras de mi estirpe, y os he salvado á toda costa de la vergüenza de que fuesen herederos de vuestra sangre los descendientes infames de una plebeya deshonrada: de que fuesen vuestros legítimos nietos despreciable parentela de los bastardos de Luna. ¡Tal ha sido mi crímen, D. Diego Gomez de Sandoval! ¡Os quité vuestra hija por impediros que os quitáseis la honra!.... Para castigarlo id á divulgar por el mundo que soy una madre inhumana que ha tenido por seis años encarcelada á su hija: sacadla en triunfo de este castillo; llevadla ante el favorito del rey, que acaso entonces os concederá su proteccion en vez de perseguiros: dádsela á Rodrigo á la faz de Castilla, inutilizando mis sacrificios y los que he impuesto con honroso rigor á la infortunada niña á quien estravió en mal hora una pasion indigna. Hacedlo, conde de Castro–Xeriz, hacedlo como lo digo, si os dice vuestro corazon que ha sido culpable el mio. Hacedlo si os parece preferible el desdoro que quisísteis causaros y trasmitir á vuestros hijos, al pesar que yo os he dado para libraros de aquel.

Tan singularmente enérgicos eran el ademan y el tono con que pronunció la condesa las palabras que acabamos de trascribir, con tan imponente hermosura apareció en aquellos instantes á vista de su marido, y tan convencida se mostraba de haber obrado con heroismo, en vez de juzgarse culpable, que en medio de todo el tumulto de sus violentos afectos quedó suspenso el caballero, casi dudoso de si debia admirar ó aborrecer á aquel coloso de orgullo que tenia delante.

Ella le indicó con la mano la direccion que debia seguir para ir á la torre, y se volvió tranquilamente á sus aposentos, despues de decirle con acento mas blando:

—Espero que me comunicareis vuestras resoluciones antes de dejar á Castro-Xeriz.

¿Nos ecsigirá el lector ahora que emprendamos la dificilísima tarea de pintar con fuertes y rápidas pinceladas, el interesante cuanto indescribible cuadro de aquella primera entrevista entre el mas tierno de los padres y una hija amantísima á quien llorara muerta por espacio de seis años?

Nosotros confesamos nuestra insuficiencia, y solo diremos que no mata á nadie la alegría, pues no sucumbió D. Diego al acceso de la suya cuando estrechó entre sus brazos á su adorable Dolores.

Aunque era indudablemente no menos verdadero y profundo el regocijo de esta, esteriormente al menos aparecia mas sosegado, ya fuese porque los sentimientos religiosos que reanimaban en su alma la hubiesen enseñado á dominar todo sentimiento escesivo, ya que despues de tan largos sufrimientos fuese el placer como cosa estraña á su corazon, y del que no acertaba á gozar con abandono completo.

Cien y cien véces estrechó el conde entre sus brazos con jubiloso delirio á aquella
celestial criatura, que mas bella que nunca
por el carácter grave y melancólico que
habia prestado la desgracia á los seductores
rasgos de su apacible fisonomía, parecia de
una naturaleza superior á la humana, para
la que eran mezquinas todas las venturas
de la tierra.

En los trasportes de la que entonces le
otorgaba el cielo, por premio de su sublime
resignacion en tantos dias de amargura,
conservaba Dolores tanta dulzura, tanta
modestia y religiosa uncion, aun en los mas
espansivos desahogos de su ternura filial,
que la moderacion y calma con que sopor-
tara el infortunio se hacian menos admi-
rables.

Pasados los primeros momentos de aquella indescribible entrevista, en que D. Diego Gomez de Sandoval se sintió desfallecer
muchas veces bajo el esceso de su propia
dicha, púsose Dolores á sus piés pidiéndole su bendicion paternal, y á par de ella
absoluto perdon para todos los que habian
tenido parte en la injusticia cometida con
ella.

Besando con delirio su hermosísima frente y su aterciopelada cabellera, la bendijo
una vez y otra el venturoso padre, vertien-
do lágrimas abundantes, aunque á la verdad
muy dulces; mas nada respondia á la segunda súplica de la jóven, y ella, que tambien lloraba de ternura al recibir las paternales bendiciones, esclamó al fin con irresistible fervor:

—Bendecid ahora á todos los que os han
afligido: bendecidlos, padre mio, y con todo
corazon perdonadlos, si quereis que este
dia, el mas fausto y solemne de mi vida, sea
para vos el mas glorioso.

—¡Perdonar á tus asesinos! dijo el conde
recobrando el marcial y severo aspecto que
junto á su hija perdia. ¡Bendecir á los que
sin piedad me destrozaron el alma!

—Por eso se lo pido á vuestra virtud y
no á vuestra justicia, respondió la jóven,
siempre de rodillas. Si han sido crueles
con vos... acaso tambien conmigo; pero
en algunos habia una intencion elevada: algunos, padre mio, han creido haceros un
bien, y ¿quién puede asegurar que se enga-
ñasen? Los otros han obedecido, ó fueron

sedudidos por la codicia: su flaqueza merece compasion. No me levantaré de vuestras plantas sin que me hayais jurado que los perdonais á todos; que los bendecís como á mí. En cuanto á la condesa os pido mas todavía: os pido que la ameis con mayor cariño que antes, porque os ha probado un grande y ardiente celo, padre mio, sacrificando por lo que reputa vuestra gloria los mas íntimos sentimientos de muger y de madre.

—¡Dolores! esclamó el conde: eres un ángel y á tus piés debo estar, no tú á los mios. ¡Levántate, hija de mis entrañas! Levántate y manda como soberana de mi alma. Yo bendigo á cuantos tú bendigas; amo á cuantos tú ames: no tengo voluntad sino la tuya.

—Pues bien, dijo ella enlazando sus brazos con los del caballero: ofrecedme que dareis hoy mismo un abrazo tan tierno y afectuoso como este á la compañera de vuestra vida, ¡á mi querida madre!

—¡Te lo ofrezco! articuló D. Diego, no sin algun esfuerzo.

—Prometed tambien que sereis mas que

nunca el protector y amigo del buen doctor Pero Yañez.

—¡Lo seré!.... dijo el conde, aunque temblando de cólera al escuchar aquel nombre.

—Hanme dicho, prosiguió Dolores que yace en mejor vida mi respetable tio D. Juan de Avellaneda, así como mi primo Gutierre de Sandoval Espero que pues otra cosa no podemos, rogaremos juntos, padre mio, porque sea eterna su gloria.

—¡Dios tenga misericordia del señor de Izcar! dijo D. Diego.

—En cuanto al alcaide de este castillo, quiero que le deis gracias por el celo con que os sirve, y que jamas le retireis vuestra proteccion y confianza.

—Lo trataré cómo á un fiel criado: respondió su interlocutor.

—María, mi pobre dueña, no se apartará de mi lado en los pocos dias que le restan de vida. Está muy enferma y necesita mis cuidados.

—Haré cuanto de mí dependa para endulzar sus padecimientos.

—A Isabel Perez la casareis con uno de

vuestros escuderos, á quien ama hace muchos años y del cual es correspondida. Por afecto y ley que tiene á la condesa, ha estado separada de él por espacio de seis años, y es justo que premieis tanta lealtad y constancia dándola un dote para su matrimonio.

—Tú lo señalarás, ángel mio.

Tornaron á abrazarse estrechísimamente, el padre y la hija, y despues dijo aquel:

—Ahora que te he complacido en todo, compláceme á tu vez, hija adorada, declarándome tus deseos en otros particulares. ¡Escucha! la enemistad de D. Alvaro de Luna y la desconfianza que en contra mia ha sabido inspirar al rey, me habian decidido á alejarme para siempre de la corte, y aun del suelo castellano. Dí una palabra, y desistiré de todos mis proyectos, y te sacrificaré todos mis odios. ¡Anhelas que te presente á la corte para recobrar tu antiguo rango, tu brillante ecsistencia? Pronúncialo, y olvido todas las sinrazones de que soy víctima, y vuelo á los piés del rey, á los del favorito si es preciso, para implorar su grácia y reconquistarte el puesto que te es debido.

Calló el conde, y callaba también Dolores: habíase oscurecido en aquel momento, con la nube de una cavilacion dolorosa, el resplandor sereno de su purísima frente, y era mas agitado el movimiento habitualmente tranquilo de su mórbido seno.

—¡Habla, alma de mi vida! repitió por dos veces el conde antes de que la jóven hubiese encontrado en su mente una palabra que al parecer buscaba, hasta que la halló, sin duda, pues pronunció muy despacio y sin levantar los ojos.

—Habeis nombrado enemigo vuestro al condestable de Castilla. ¿Ofendísteis en algo á su familia, ó es que os ha ofendido ella? ¿se han roto todas las nuevas relaciones que al parecer debian reinar entre dos casas que estuvieron prócsimas á enlazarse?

—¡Todas! respondió D. Diego: el condestable me aborrece de muerte.

—Mas ¿su sobrino?.. añadió la jóven temblándole la voz; ¿su sobrino ha perdido acaso en nuevos compromisos el recuerdo de aquellos que debian haceros siempre tan querido de él?

—Su sobrino, repuso el conde enternecido por la emocion profunda que esperimentaba Dolores, vive muy retirado y se dedica esclusivamente á las graves obligaciones de su nuevo estado.

—¿Está pues casado? articuló Dolores con tan débil acento, que se necesitó para entender su pregunta toda la penetracion de la paternal ternura.

—Ha entregado su corazon, respondió al punto, á un dueño mas digno que cuantos pudiera buscar por la estension de la tierra; al único, hija mia, que merecia mas que tú su constante adoracion, consolándole ampliamente de haberte perdido. Rodrigo de Luna es ministro del Señor.

Dolores se puso de rodillas, juntas las manos y elevados los ojos hácia el cielo con espresion sublime, y vuelta despues á su padre que la contemplaba estático, le dijo sin variar de actitud:

—Lo que él ha hecho, padre mio, obedeciendo la voluntad del cielo, os dice indulablemente cuál debe ser la resolucion mia. Muerta estoy para el mundo, y muerta para él debo permanecer siempre. La gracia

que yo os pido, la nueva ecsistencia que os
demando, en nombre de la piedad que debo
inspiraros, es el sagrado asilo de un solita-
rio convento; donde como esposa de Jesucristo pueda rogarle por vos y mi familia,
á la par que le tribute mi agradecimiento
profundo por haber purificado con el fuego
eterno de un amor divino, dos juveniles corazones que habian cifrado su dicha en las
pasageras satisfacciones de una pasion ter-
renal. Escuchad, pues, mi última súplica,
¡oh el mas querido y mejor de todos los padres! escuchad esta súplica que os hace mi
alma con mas elocuencia que mis labios, y
abridme cuanto antes las anheladas puertas
de un religioso retiro, donde me presenta-
reis como una pobre huérfana que os ha sido confiada, sin que jamas se revele que ecsiste todavía vuestra hija. Para Dios y para vos viviré únicamente. ¿Puede desear-
se mayor ventura que no ecsistir mas que
para lo que se ama?

Prorumpió en lágrimas el conde, pero no
se negó á los deseos de la jóven. Se hallaba completamente subyugado por el celestial poder de aquella santa criatura.

Trataron ambos de aquel asunto, y con-

vinieron en partir juntos aquella misma noche, y en elegir el padre por punto de residencia la ciudad ó aldea de Navarra en que
se hallase el convento que prefiriese su hija. Toda la ambicion del adelantado de
Castilla no tenia en aquellos instantes otro
objeto que el vivir cerca de Dolores, quien
por su parte no indicaba tampoco pensar
mas que en su familia. El nombre de Rodrigo no volvió á salir de sus labios.

Concluida aquella tan larga como interesante entrevista, dejó el conde á la jóven
en compañía de Isabel y María, preparando
su maleta de viaje, y habiendo dado al alcaide las órdenes convenientes para la partida, pasó al cuarto de su muger, procurando prestar á su semblante cuanta apacibili-
dad le era posible.

Doña Beatriz le vió entrar sin moverse
del sillon en que estaba sentada, y conser-
vando sin alteracion su nóble y austero continente.

—Vuestra hija y yo, la dijo el conde (sin
poder reprimir un gesto que revelaba los
impulsos que sofocaba en su pecho) vamos
á partir muy pronto: apenas oscurezca de-

jaremos el castillo. ¿Resolveis por ventura acompañarnos?

—Decidme antes, le preguntó la dama, á dónde llevais á Dolores.

—Tranquilizaos, respondió su marido, sonriendo con amargura. No la llevo á proclamar con su vida la tiranía de que fuísteis capaz, haciendo gemir á la naturaleza. Vuestra víctima sepultará ese secreto dentro de los muros de un convento, al que no llevará ni aun el nombre que ha debido heredar. Tal es su voluntad, señora, y espero ahora conocer la vuestra.

Doña Beatriz pareció conmoverse, y guardó silencio por algunos instantes. Despues dijo con melancólico acento:

—Ningun mortal la merece: el esposo que elige es el único que conviene á ese ángel, que estuvo tan en peligro de ser vilmente profanado. En cuanto á mí, conde, me quedo en Castilla para hacer cuanto mi obligacion me ordene á fin de dejar en claro vuestra inocencia y restituiros la estimacion y la confianza del rey, que no pudieron robaros sin emplear para conseguirlo miserables calumnias. Cualquiera que sea el écsito de mis tentativas, iré á buscaros

'donde quiera que esteis, cuando deje cum-
plido aquel deber sagrado, y si entonces no
me habeis juzgado mejor, si todavía os encuentro dominado por los sentimientos que
en vano os esforzais por ocultarme ahora;
si me aborreceis como á una muger sin entrañas, y no habeis comprendido que me
las he despedazado por afan de vuestro de-
coro, por anhelo de conservar sin mancha
el esplendor de vuestra casa.... en ese caso, D. Diego, solo me presentaré á vos para
suplicaros me permitais acompañar á mi
hija en el asilo de paz donde va á conquis-
tar la eterna.

¿Se violentó el adelantado para cumplir la
solemne promesa que antes empeñara á
Dolores?....

. . . .

. . . .

No lo podemos decidir; mas es lo cierto
que despues de un minuto de vacilacion pe-
nosa, tendió su mano débil y temblorosa
á la condesa, diciéndola con voz conmovida:

—¡Beatriz! siempre sereis estimada por
vuestro esposo como la mas austera virtud
que ecsiste sobre lo tierra, cualesquiera que

II

hayan podido ser los errados consejos de vuestro disculpable orgullo.

La condesa besó la mano que estrechaba entre las suyas, humedeciéndola con una lágrima, y pidió el consentimiento de D. Diego para despedirse de su hija.

Aquella súplica contribuyó sin duda en gran manera á modificar esencialmente los sentimientos con que entrara en aquel cuarto el buen adelantado, pues antes de conducir á Dolores á los brazos de su madre abrió para ésta los suyos, y estamos persuadidos de que la promesa empeñada quedó, esta vez por lo menos, esactamente cumplida.

Dos horas despues, cuando ya la noche envolvia á la tierra con sus opacos velos, Dolores y su padre, con solo Mari-García y dos pajes por acompañamiento, emprendian su marcha en medio del mas profundo silencio, mientras la condesa prevenia al alcaide lo tuviera todo dispuesto para su partida á Medina del Campo, donde se encontraba á la sazon el rey, y á cuyo punto ba á dirigirse la dama en las primeras horas del siguiente dia.

Su salida del castillo no fué, empero, rea-

lizada, sin haber tenido antes el dolor de
ver delante de sus muros á la gente de armas enviada por D. Juan II para tomar po-
sicion-en su real-nombre de aquella ines-
pugnable fortaleza de que se despojaba á su
dueño, declarándole poco despues desobe-
diente y rebelde.

CONCLUSION.

HÁCIA fines del año de 1445, ó á princi-
pios del siguiente (pues no encontramos determinada la época con precision esacta) se
verificó una singularísima coincidencia, cuyo breve relato servirá de conclusion á
nuestra verídica historia.

Habian llegado entonces el favor y arrogancia del condestable de Castilla á aquel
punto culminante desde el cual, no siendo
ya posible mayor subida, se hace indispensable el progresivo descenso cuando no sor-

prende entre los vértigos consiguientes á
tamaña elevacion, como con frecuencia acon-
tece, una súbita y estrepitosa caida.

A proporcion del crecimiento de crédito
y de la autoridad que gozaba D. Alvaro,
era el amenguamiento de fortuna y de influencia que sufrian sus enemigos, entre
quienes se contaban los mas ilustres personajes del reino. D. Diego Gomez de Sandoval, uno de ellos, habia sido despojado
por sentencia de confiscacion, de los cuan-
tiosos bienes que poseia en Castilla, y acaso se estendiera á mas el rigor de que era
objeto, si, como hemos visto en el anterior
capítulo, no hubiese buscado asilo cerca del
rey de Navarra, desde los primeros anuncios de la tempestad que le amenazaba.
Mas en el tiempo de que hablamos al comenzar estas líneas, aun era mas dura y
triste la situacion del conde, que durante
los dilatados años que habia visto pasar en
la expatriacion, devorando rencores cuya
satisfaccion le prohibia su lealtad: no obstante que en aquellas épocas de revueltas,
y en las que aun reinaba escandalosa toda
la anarquía feudal, no se juzgaba con la se-
veridad que usariamos ahora, á los grandes

vasallos que se defendian con las armas en
la mano de las que miraban como arbitra-
riedades del trono. D. Diego, contenido
largo tiempo por instintos generosos, hubo
de imitar por último á otros magnates castellanos, tomando parte activa en la liga
que á cualquier precio queria acabar con
D. Alvaro; y peleando bajo las banderas de
Navarra, en la batalla de Olmedo, en la que
la fortuna se les declaró contraria, fué hecho prisionero como otros muchos grandes
de Castilla, y encerrado en la torre de Lo-
baton; donde aun permanecia en los dias
de que vamos á ocuparnos, no obstante las
activas diligencias que en favor suyo prac-
ticaba su esposa, acudiendo á Castilla desde Navarra, donde residia, al primer aviso
que recibió de tan infaustos sucesos.

. Mientras era tan amarga la suerte de los
condes de Castro y su familia, D. Juan II
daba nueva señal de la singular estima que
hacia del condestable y de la suya, elevan-
do al arzobispado de Santiago á D. Rodrigo de Luna, aunque les pareciese á muchos que aun era jóven aquel personaje para tan venerable cargo.

—Antes de tomar posesion de su silla el

nuevo prelado, quiso, segun encontramos
consignado en un documento interesante,
rendir una última honra á la memoria de
aquella que habia sido su único verdadero
amor, realizando el deseo que por muchos
años alimentaba de visitar su sepulcro y
rogar al cielo por su descanso en el altar de
la capilla en que sus restos yacian.

Cumplió entonces aquella idea: celebró
él mismo de pontifical una solemne misa en
sufragio del alma de la que tanto amó, y
algunos de los que asistieron á ella aseguraban despues, que terminado el sacrificio
incruento del altar, el arzobispo electo de
Santiago habia permanecido una hora ente-
ra puesto de rodillas, en muda y fervorosa
oracion, sobre el blando mármol de una sepultura, en la que mas de dos siglos despues todavía leyó uno de nuestros progeni-
tores esta larga inscripcion en gruesos caractéres góticos:

AQUI YACE.

María de los Dolores Gomez de Avellaneda,

hija, primogénita de D. Diego Gomez de
Sandoval, conde de Castro-Xériz, adelan:

tado de Castilla, canciller mayor del sello de la puridad, señor de Lerma, de Denia, de Osorno, de Cea, de Ayora, de Villafrecho y Gomiel, etc., etc., y de su legítima esposa la nobilísima señora doña Beatriz de Avellaneda. Pasó á mejor vida el dia 14 de Enero de 1425, á los 16 años, 3 meses y once dias de su nacimiento.

La coincidencia singular que ya hemos anunciado á nuestros amables lectores, es que en aquella misma hora que pasó orando Rodrigo sobre la tumba vacía que decoraba tan ostentoso epitafio, se celebraban en un convento de Navarra las humildes ecsequias de una pobre monja, á cuya sepultura solo se puso por señal una cruz de madera sin inscripcion alguna.

. . . .
. . . .

Sin embargo, jamas pasaron cerca de ella las piadosas mugeres de aquella santa comunidad, sin encomendarse con devocion á su hermana en Jesucristo, Sor María de los Dolores, que descansaba en aquel ignorado sepulcro, y cuyas virtudes heróicas, que pudieron admirar en mas de catorce años que habia vivido entre ellas, les permitian esperar estuviese gozando ya su alma de la bienaventuranza eterna.